KINGEN A-ROUND 100

なんてことないよ。

アラ百の金言
KINGEN AROUND 100

内海桂子
UTSUMI KEIKO

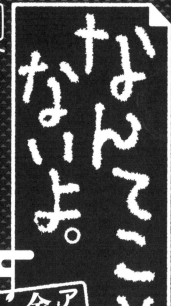

師匠はサービス精神のかたまり。お客さんを喜ばせることだけ考えてきた人なんです。

ナイツ／塙 宣之・土屋 伸之

はじめて師匠に漫才を見せたのは、横浜で何かの会があったときだったと思います。2001年くらいから漫才をはじめて、まだ2～3本しか持ちネタがない。そんなときに「最近、弟子になった子たちなんですよ」と師匠がお客さんに紹介したんです。「ちょっとアンタたち、今から舞台で20分くらいやりなさいよ」と無茶振りです。今は20分なんて余裕だけれど、当時の20分っていったら、今の2時間くらいの感覚。頭が真っ白になっちゃって……フリートークで話題をつなぐ技もなかったので、「どーもーよろしくお願いしまーす」って入ってやっても、4分くらいしか経っていない。ネタ1本の所要時間は、それくらいしかないですから。その後、もう1本やる勇気もないし、スベっているしで、舞台上で師匠に「すみません」って言ったら、「なに？ 芸人なのに、なんで20分もできないのよぉ」で、ドーン！ みたいな。だってその後、師匠は1時間くらいやっていましたからね。やっぱり舞台の人っていうのは、僕らが子どもの頃から見ていたテレビの人とはまた違ってね、すごいなと思いました。

（ナイツ／プロフィール）
2001年ボケの塙（左）と、ツッコミの土屋（右）の漫才コンビを結成。内海桂子の弟子として活動。漫才協会、落語芸術協会、三遊亭小遊三一門として寄席でも活躍中。

僕らは、M1とか大会があったので、こういう風にやらなきゃいけないみたいなものをベースに、漫才をはじめましたが、たぶん師匠からしたら、お客さんを喜ばせればなんでもいいという発想だと思うんです。師匠はサービス精神のかたまりです。ブレずに、お客さんを喜ばせることだけ考えてきた人なんです。そして、ひょっとしたら、誰よりも目立ちたがっている。大勢舞台に上がれば上がるほど、声がデカくなるんです。前に出て、誰よりもスポットライトを浴びるぞっていう気持ちが強い、そんな舞台の人なんです。

なんか師匠の舞台は、お客さんがずっとたのしんでいて、「まだいいよね」なんて師匠も言って、時間を守らない。お客さんのためだと思っていますから。そんな心意気も、勉強になります。僕らなんかもう、ピッタリに、できれば早く終わらせたいから、時計を見ながら、途中から早口になるんですけれど、師匠は時計なんか一度も見たことないんじゃないかと思います。

なんてことないよ。アラ百の金言　目次

自分が立った場所を
大切に

KINGEN A-ROUND100

銚子は生まれただけなんだけれど、私にとっちゃあ思い入れの深い町なんだ。

春ですね。私は浅草育ちだから、桜といえば隅田川。そしてもう一つ、春といえばセンバツ高校野球。今年も毎日見ましたよ。

この春は米国へ行った大谷選手とかプロ野球も盛り上がっているけれど、私はやっぱり高校野球だね。だって甲子園を見るようになって初めて野球が分かったんだから。野球の〝や〟の字も知らなかったしね。

きっかけは1965（昭和40）年夏。木樽（正明）選手がいた千葉の銚子商業高校。福岡・三池工業高校との名勝負の末、準優勝した。私は当時（台東区の）入谷にいてね。近所の酒屋さんのおばあちゃんが野球の話をとうとうとしゃべっているのを聞いてショックでね。こんなおばあちゃんでも野球知ってるんだと私も必死になって勉強しましたよ。その時ちょうど出てきたのが銚子商の木樽さんで。顔も精かんでイガグリ頭でカッコよくてね。

私は浅草育ちだけど、生まれたのは銚子でね。床屋の一人娘だったおふくろの駆け落ち先だった。でも生まれた翌年1923（大正12）年に関東大震災があって神奈川の鶴見に移ったから、銚子は生まれただけなんだけれど、夢中になって銚子商を応援したのを覚えてる。生まれた時の記憶なんてありゃしない。だけど私にとっちゃあ思い入れの深い町なんだ。

高校野球は、テレビの解説者とか実況の人も素直な言葉が出る。

高校野球は「教える」って部分があるでしょ。だからテレビの解説者とか実況の人も素直な言葉が出る。それがプロ野球になると、それで生きてる人がやってるもんだから本音じゃ言えない時がある。そういう意味でも高校野球は見ていて気持ちがいいね。

甲子園では今も、敗れた選手が涙を拭いながらグラウンドの土を靴袋に入れているねえ。あの光景は変わらないねえ。自分が立った場所を大切に思う気持ち。これは大事だよ。自分を生んでくれた人や町、自分を育んでくれた場所、仲間、舞台……。それを忘れちゃあ、いけないよ。小学校3年で中退した私がこの思いを大事にしてきたおかげで、100歳近くなった今もこうして元気に舞台に立てているのだから――。（2018年4月11日）

新米だからこその武器がある

KINGEN A-ROUND 100

自分でやれることをひたむきに探して取り組んだ。

街を歩くと、真新しいスーツを着て、緊張した表情で汗を拭っている新社会人の姿が目立って見える。初々しくてまぶしいね。これからたくさんの汗をかくと思うけど、その分の結果が出せるように頑張ってほしいね。

私が働きだしたのは数え年で10歳だった。今でいうと9歳かな。老舗そば屋の神田の更級に家の事情で奉公に出されて、小学校を3年で中退したのよ。3歳年下の坊ちゃんを小学校に送り迎えすることと遊び相手が主な役割で、夕方になると、坊ちゃんの世話が終わって店を手伝った。

当時はかけそばが7銭。お客さんは10銭硬貨で支払った後、おつりの3銭を「取っておきな」って言ってくれることが多かった。新米の小さな女の子が働く姿に心を動かされたんだろうけど、私は私なりにどうしたらお客さんが喜んでくれて、お駄賃をはずんでくれるのかを考えたのよ。そして、げたを拭いたり、鼻緒を直したりしていたのね。自分でやれることをひたむきに探して取り組んだ。私の針路はこの時に決まったよ。

仕事に慣れてきたつもりになったぐらいが一番落とし穴があるかもしれないね。

新米といえば、60歳ぐらいになって映画やドラマに女優として出演させていただいた。こそばゆいけど、演技に味があるって言ってもらえたこともあったね。本職は芸人で、演技の新人だから目新しく映ったんでしょう。私は私で作品を見てくださる方々や監督さん、共演者のことを考えてとにかく足を引っ張らないようにって、精いっぱいやるだけだったのよ。

舞台では今でも客席をじっくり見て、よく顔を見るお客さんに「今日は洋服が違いますねえ」なんて声を掛ける。会場を盛り上げるコツは少しは分かってきたつもりだけど、舞台で満点を取れる正解はいつも追い続けているね。頭の中には、緊張感を持って職場に立ったそば屋のころがいつもある。仕事に慣れてきたつもりになった中堅ぐらいが一番落とし穴があるかもしれないね。

新米には新米だからこその武器がある。その姿が輝いて見えるっていうこと自体が特別でしょ。(2018年4月25日)

主婦だって○刀流
全部できたら大谷級

KINGEN A-ROUND 100

主婦だって何刀流もできれば、仕事の一芸を極めるスーパー主婦。

米大リーグ、エンゼルスの大谷翔平選手の活躍は凄いですねえ。猛者が集まる舞台で投手と打者の両方で結果を残しているんだから。二刀流っていうんだってね。私も応援しながらテレビを見ていますよ。

野球は投げて、打って、走ってが基本のスポーツで、大谷選手は足も速くて三刀流といわれることもあるらしいね。投手、打者ってはっきりした分業制になっているけれど、大谷選手にとってはそんなのは関係ない。求められる才能全てがそろっていて、高いレベルで両方できる超人。野球というスポーツの中で物凄く優れているということなのだから、大谷選手の二刀流は究極の一芸といえるでしょう。

身近なところに目を転じてみれば主婦がいる。掃除、洗濯、料理、子育て、近所付き合い……。多岐にわたっていますよね。その中で掃除だけがうまくて、ほかの家事がダメとか、近所付き合いだけが抜きんでていて、ほかのことができないと「主婦失格」なんて言われちゃう。主婦の仕事は家族や周りはあんまり評価してくれないかもしれないけど、一つが得意でも十分立派。二刀流どころか、何刀流もできる人はスーパー主婦と呼んであげたいね。

身近なことに取り組み、技術の腕を上げることは日常生活でもある。

恐縮だけど「師匠は何刀流もできますね」って言われることがある。三味線と踊りができることを言ってくれているみたい。11歳ぐらいでそば屋の奉公から実家に戻った後、母親から「生きていくために芸を身につけた方がいい」って言われて習いに行ってってできるようになりました。私の漫才は、しゃべくり、三味線、踊りがあって1セット。ただ、三味線や踊りの専門のお師匠さんとは違って、あくまで内海桂子の漫才仕様。秀でているかは別として一芸として数えてもらえるなら幸せです。

身近なことに取り組んで、何通りもの技術の腕を上げることは日常生活でもあること。身の回りに〝大谷級〟はきっといる。そんな人に気付いていきたいなあと思っています。(2018年5月9日)

今の政治は〝アラ百〟の筋肉痛

KINGEN A-ROUND 100

100歳近い人の筋肉痛は、4日もたってから出るんですねえ。

マレーシアの総選挙でマハティール元首相が勝利して、15年ぶりに政権トップに返り咲きました。このニュースで注目されたのが、92歳っていう年齢。選挙で選ばれた指導者の中では世界最高齢だそうですね。

私より3歳年下の〝アラ90〟での再スタート。体がついていけるのかなあと心配になってしまいます。というのは、95歳の私がついこの前、思いがけない経験をしたんですよ。

先日、お世話になった人が亡くなって、お別れを言いに新潟に行った時のこと。新幹線に乗ったのは2年ぶり。正直不安がありました。去年、転んで左脚の付け根を骨折して手術して、今も杖をついているんです。合計8時間の往復は内心心配でしたけど、つまずくことなく無事に帰宅してホッとしたのも束の間。

4日後に全身に痛みが走ってつらくて。マッサージに行ってみたら、先生に「筋肉痛ですね」と言われました。亭主は妙に感心。「40、50代の筋肉痛はあした出るとか、あさって出るとかいわれるけど100歳近いと4日もたってから筋肉痛が出るんですねえ」だって。

痛みに鈍感な長期政権。年を取ってきたということなんでしょうか。

これって感覚が鈍ってきたってことだよね? 何かに似ているなあって思ったら、今のこの国ですね。ちょっと前から政権を率いる人たちの言動に、首をかしげるようなところが出てきたように感じていた。それが、最近は深刻になってきた気がします。モヤモヤの消えないモリ・カケ問題とか官僚セクハラ発言とか、大丈夫なのかなって事態が出てきていますね。よく考えたら長期政権。年を取ってきたということなんでしょうか。

マレーシアの政治を率いることになったマハティールさんは〝若き日〟の日本に心打たれた親日家。戦後に訪れて、日本人が個人の利益よりも集団の幸せを優先するところに感銘を受けたと聞いています。この国も、まずは痛みにすぐ気付く若い感覚を取り戻したいですね。これから前に進もうとするマレーシアに負けないように。（2018年5月23日）

ツッコミは良薬

KINGEN A-ROUND 100

自分が面白いと思ったことをやってみたかった。

今日は、私が漫才師になったきっかけをお話ししましょう。16歳だった1938（昭和13）年。同じ町内にいた漫才師の奥さんのお産が近づいたので、夫婦漫才の代役を私が頼まれたんですよ。母が三味線、私は三味線と唄、踊りができたから、2、3年前から一座の巡業を母と一緒に手伝っていたんです。そういう縁からのことでした。

漫才っていうと、今は「しゃべくり」が頭に浮かぶでしょ？　時代とともに形が変わって、当時は楽器を演奏したり、芸が入る漫才が主流だった。座長夫婦は「音曲漫才」といって旦那がしゃべって、奥さんが三味線を弾きながら「そうそう」とか合いの手をちょっと入れるやり方でしたね。巡業中、私は「奥さんがもっと突っ込んだら面白いのに」って見ていたんですよ。子供らしい素直な見方でした。

三味線を持って上がった初舞台。私は自分が面白いと思ったことをやってみたかった。いつもは「はいはい」って合いの手が入るところで「そうじゃないわよ。それからどうしたのよ⁉」って突っ込んでみました。急な「待った」に旦那はオロオロ。「なんだよ⁉」なんて戸惑いながら返した旦那の姿に会場は大ウケ。今はツッコミって一般的だけど、あのころは珍しかったのね。どんなふうに突っ込めばどんな展開になるかって考えるのが楽しかった。あれから80年。変わらずに漫才師をやっています。

突っ込むと、思わぬ返しや言葉を引き出せる。

前にツイッターで、スポーツ番組を見ていた時に解説者が何を聞かれても「そうですね」ばかり繰り返すから、一度ぐらい「そうじゃない」って言ってくれって書いたら、同じ意見だという人が結構いました。突っ込まれると、相手は何か答えなきゃってなる。だから思わぬ返しや言葉を引き出せるし、ツッコミって良薬だと思っています。肯定ではなく、ある意味反論だから〝苦し〟と感じて忖度して言いにくい人もいるでしょうね。

現在の政治や、レスリング、日大アメフト問題で揺れるスポーツ界がチラリと思い浮かびます。突っ込めない環境は良くない結果を招くように感じますね。（2018年6月13日）

小言は聞こえるうちが華

KINGEN A-ROUND100

自分がやりたいことを我慢しないようにしています。

猛暑です。皆さん、熱中症には気をつけてくださいね。私は外出先で水分をこまめに取り、日陰を歩くようにしています。屋内で倒れる人も多いけど、私の家は風通しが良くて涼しいから大丈夫かな。この前、肌寒く感じて長袖を着ていったら、亭主が「感覚が鈍くなったんじゃないですか？」なんて言ってきた。何言っているの？ そんなことないですよ！

外が暑くても長袖を着たい時は着る。自分がやりたいことを我慢しないようにしています。超高齢者なんだから自分の気持ちを大切にしてもいいかなって。我慢のブレーキが利かなくなったかもしれません。

何の仕事でも、直すべきところが的確に分かるのって力がないとできない。

しみじみ思うのは、人間ってうまくできているなあって。勉強や仕事、人間関係は成長できる時期にグッとこらえなきゃいけないことがたくさんあるし、こらえることができるでしょ。

私が若いころは「下座さん」と呼ばれる、出ばやしの三味線を弾くおねえさん方の楽屋話をしっかり聞いていました。「さっきの落語は間の取り方がイマイチね」とか、遠慮ないもの言いで怖かったんですよ。舞台袖からたくさんの芸を見ている方の話だから的を射ている。

厳しい目が光っている世界だから素直に修正して次の舞台に立つと、しばらくして言われたことが正しいって分かりました。お客さんの反応が良くなるんですから。

何の仕事でも、直すべきところが的確に分かるのって力がないとできない。芸ならいろんな人の芸、特にうまい人の芸を数多く見ることが力をつける早道だって知りました。

若いころ、8代目の桂文楽さんから「お桂ちゃん、終わったら呑みに行こう」とよく声を掛けてもらいました。トリの文楽師匠を待っている間、いろんな先輩たちの芸を見る機会があった。そうしているうちに、自分の芸でも他人のでも、こうした方がいいなというのが私にも見えてきたんです。

我慢のブレーキが利くうちは伸びしろがある証拠。理不尽な小言は無視していいけど、辛抱強くいろんな経験をしてほしい。年を取ると耳に痛い言葉は言われなくなるし、言われたとしても耳に入ってこなくなるから。（2018年7月25日）

明かりは平和の証拠

KINGEN A-ROUND100

慰問先で見たのは、前の日に笑ってくれた兵隊さんの写真の前に供えられたお線香。

もうすぐ終戦記念日ですね。今回は戦争の話をしましょうか。

戦時中、私は20歳そこそこ。すでに漫才師として仕事をしていました。当時、舞台に上がるには、お上（警察や行政）の許可の札「遊芸鑑札」が必要で、これを携えて軍隊慰問へ行っていたんですよ。陸軍が兵隊さんの娯楽として笑いを届けるために慰問団というのを編成していて、芸人はいろんな場所の部隊へ派遣されていたんです。私は中国の旧満州方面や万里の頂上の方へも行きました。

前線じゃなかったから現場で危険は感じなかったけど、見たのは、前の日に笑ってくれた兵隊さんの写真の前に供えられたお線香。改めてここが戦地だと考えさせられましたよ。

当時住んでいたのは、東京都下谷区千束（現台東区）。１９４５（昭和20）年3月10日の東京大空襲では、焼夷弾がバサバサバサッて音とともに落ちてきて私の家も燃えました。あちこち火の手が上がる中、一夜を明かしたのは、１キロぐらい逃げてたどり着いた西浅草の合羽橋あたり。トタンをかぶって地面に伏せていました。眉毛もまつげも全て焼け焦げていたのに気付いたのはしばらくたってからでした。

「家に帰って電気をつけた時、部屋の隅々まで見えたのがうれしかった。」

8月15日は慰問のため、茨城県にいました。部隊が駐屯していた小学校に向かうと、衣類や備品をリヤカーに積んだ人々が続々と飛び出してくるのです。「あれっ慰問は？」って出てきた人を捕えて聞くと

「何言っているんだ。日本は負けたんだよ」と言われてぼう然としました。移動中に玉音放送があったらしいんです。戦争が終わったなら慰問なんて必要ないから引き返しました。火事場ドロボー。飛び出してきたのはまさにそういう人たちでした。

夜、上野駅に到着。今まで暗かった電灯が明るくついていて怖かった。戦時中、空襲で狙われるからってどこでも明かりを極力つけていなかったんですよ。慣れって恐ろしい。終戦で一気に明るくしたので反射的に「明るくて大丈夫?」って怖くなったんですね。家に帰って電気をつけた時はうれしかった。これからは部屋の隅々まで見える。だから今でも舞台に立つと隅々まで見渡します。皆さんの顔、よく見えていますよ。明るいのは平和の証拠。しみじみと感じています。

(2018年8月8日)

転ばぬ先も
転んだ後も夫婦杖

KINGEN A-ROUND 100

身を任せすぎると、良い結果が出ないことがある。

杖をついて歩く私の後ろ姿を見て、「歩き方がおかしいですよ」と亭主が突然言ってきました。転ばないように必死で歩いている私は「どこが?」って驚きましたよ。去年1月に浅草・東洋館の舞台を終えて家の前でタクシーを降りた時、転んで左腰を骨折してしまった。その年の7月からリハビリを兼ねて杖をつくようになったんです。「とにかく歩き方がヘン」。そう言い続ける亭主に病院につれていかれて、診てもらうと「杖に頼りすぎですね」って注意されました。

どういうことかというと、右手に持った杖に安心感があるから思い切り重心を乗せ、右足を杖に頼って少し動かして、左足で大きい歩幅をとってリードする歩き方が身についてしまった。その結果、体のバランスが崩れて右足を大きく踏み出せないようになってしまったんですって。このままだと杖がないと歩けなくなる心配があるそうです。杖なしでしっかり歩けるようにと回復を願って持った杖。将来に備えたつもりが、期待とは違う方向に進んでいたなんて。転ばぬ先の杖に頼りすぎたら、思わぬつまずきがあったということですね。

絶対的な安心感があるものでも身を任せすぎると、良い結果が出ないことがある。漫才でも「客席にこうやって声を掛ければウケる」といろいろなコツを知っていても、それに頼りすぎてバランスがおかしいなあってコンビを見ることがあります。

「私も亭主の支えになりたいって思っていますよ。なかなか言えませんけど。」

最近は亭主に杖を預けて家の前で20メートルくらい歩く練習をしています。フラフラしてしまうから「杖を返してよ」って言うと「ダメです」。亭主はまるで鬼コーチの形相。「薄情者！」と怒ると「ハンサムな若い理学療法士さんの言うことは聞くくせに」だって。「そりゃそうでしょう」なーんて言ってやるけどね。

とはいうものの、24歳年下の亭主が本当は杖代わりになって支えてくれようとしているのを私は知っています。「師匠より私が先に倒れるわけにはいきませんから」ともよく言ってくれます。私も亭主の支えになりたいって思っていますよ。なかなか言えませんけど。夫婦ってそんなもんでしょ。あ、最後はノロケになってしまいました。失礼しました。（２０１８年８月22日）

振り向いた時の
笑顔が幸せ呼ぶ

KINGEN A-ROUND 100

「桂子」は浅草のキャバレーでホステスをしていた時の源氏名から取りました。

おかげさまで本日、96歳の誕生日を迎えました。16歳でデビューしたので今年は漫才師80年の節目です。ステージに立ったのは、夫婦漫才をしていた知り合いの奥さんの代役がきっかけでした。

当時の芸名は「雀家〆子（すずめや・しめこ）」。あれっ、イメージが違いますか？　代役だったので、奥さんの芸名をそのまま使ったんですよ。その後、コンビを解消して、戦前戦後の時期は「三枡家好子（みますや・よしこ）」という名前で軍事慰問に行っていました。この間、夫婦漫才でコンビを組んだ旦那の子を私が身ごもったりいろいろあったんだけど、それは後日、お話ししますね。

「内海桂子」になったのは、１９５０（昭和25）年に知り合いの娘

晴れやかに誰かに向き合えば
きっといい未来がやってくるって思った。

さんだった好江ちゃんと「桂子・好江」を組む少し前のこと。「桂子」は浅草のキャバレーでホステスをしていた時の源氏名から取りました。戦後の混乱期、生活のために仕事を探していて、求人のポスターでキャバレーを見つけたんです。最初は腰が引けたけど、踊りや三味線、唄をやってみたらお客さんに喜んでもらえて、自分で言うのもなんだけど人気者になりました。店のマネージャーさんから「こういう世界で№1になる名前だよ」って薦められてキャバレーで名乗ったのが「桂子」。お客さんも「月桂冠の桂で冠になる意味だね」って。そのおかげか「浅草のお桂ちゃん」って親しんでもらえました。

その後、再び漫才の舞台に戻ることになったので、せっかくですから新たなスタートに芸名を「桂子」にしました。「お桂ちゃん」って呼ばれる時、本名「良子（よしこ）」の愛称の「よっちゃん」って呼ばれる時よりしっくりきていたんですよ。「No.1になる名前」って言われたことが頭に残っていたのかもしれないけど「お桂ちゃん」って呼ばれると「よし頑張ろう」って背筋が伸びたものです。この感覚が気に入っていました。

名前を呼ばれて振り向く時の表情は大事です。前向きな気持ちだったら明るい顔になるし、元気がなければ返事も小さくなるでしょ。晴れやかに誰かに向き合えばきっといい未来がやってくるって思った。だから呼ばれると気合の入る名前を選びました。今は「お桂ちゃん」って呼んでくれる人はいなくなって「桂子師匠」になったけど、ありがたいことに今も現役。一線を走り続けたいという願いはかなっているのかなって思います。（2018年9月12日）

さりげない優しさ
ほど身に染みる

KINGEN A-ROUND 100

96年前、この国は多くの人たちが生活に追われていたんだと思います。

12日で96歳になりました。100歳まであと4年。特別なことは当日はしませんでしたが、ナイツの塙（宣之）君から頂いた日本酒でお刺身をおいしく食べました。亭主と2人で。こそばゆいから小声で言うけど、幸せだなあってつくづく思いましたよ。

96年前、この国は多くの人たちが生活に追われていたんだと思います。誕生日を迎えるたびに実感するんですよ。というのは、私には誕生日が2つあるんです。

生まれたのは1922（大正11）年9月12日、両親が駆け落ちした千葉県銚子市でした。戸籍に記してあるのは1923（大正12）年1月12日。母は生きていくのに必死で、出生届をすぐには出していなかったんですね。今では14日以内に提出すると決まっているようですが、そのころはなし崩しだったのでしょう。

当時、母は苦労の連続。父親は腕のいい籐職人だったけど、ばくちにいれあげて働かなくて、生活費を入れずにしばらくすると姿を消してしまった。捜したら神奈川・鶴見にいたけど、やっぱり働かなくて、母が私を背負いながら納豆を売って生計を立てていたようです。満足に食べられないのと忙しさで母はお乳が細くなり、困ったそうですよ。

何とかお礼が言いたくて。誰かに私も優しさを残せたかな？

そんな時、頼んでもいないのに家の前に牛乳が置いてあった。母は私に迷いながらも飲ませました。何日も続いた後、代金をどうしたらいいんだろうって心配になったのね。ある日、待ち構えて持ってきてくれる人を見つけて「払えるお金がないんです」って断ったけど、その人は「飲ませないとお子さんは死んでしまう。代金は成長してからで」って。「お名前を」と聞くと「潮田牧場のおやじです」だけ。その後も牛乳を届け続けてくれたんです。命の恩人です。

昭和後期には街の牛乳屋さんの多くが姿を消して潮田牧場もなくなってしまいました。何とかお礼が言いたくて、神奈川で舞台に上がる度に「潮田牧場さんを知りませんか？」と呼びかけました。いろいろな人のご協力で１９８９（平成元）年にお孫さんに会うことができたけど、恩人はすでに他界していて、87歳になっていた母は手を合わせて墓前で泣いていました。さりげない優しさほど身に染みますね。

年を取ると体も動かなくなるし、気も利かなくなってきます。その前に誰かに私も優しさを残せたかな？　亭主がニヤニヤしているけど、これはどういう意味でしょうね？（２０１８年9月26日）

「いい顔」が一度じゃ
ないのが男の度量

KINGEN A-ROUND100

どんな職業があるかは時代を映す鏡でもあります。

この前、月への旅行計画を発表した社長さんがいました。アポロ17号が月面着陸した時（1972〔昭和47〕年）、テレビの映像から目が離せなかったことを思い出します。夢のあるお話です。ところであの社長さん、女優さんとお付き合いしているんだってね。仕事はファッション通販の経営者。ちょっと前では想像もつかなかったような職種です。いろんな仕事が生まれていますね。どんな職業があるかは時代を映す鏡でもあります。

私は生きるために、そば屋に奉公に行きましたし、浅草のキャバレーでNo.1にもなりました。1947（昭和22）年ごろには、団子売りをしていたこともあるんです。当時は戦争の焼け跡にまだ家も建たず、人の出入りの多い駅近くには闇市が立つ混乱期でした。

その場しのぎの虚勢はバレますし、格好良くない。

「団子をたくさん作ったけど、売れなくてムダになってしまうので助けてほしい」といとこに声を掛けられて、昔、母が遊郭の吉原でみそおでんを売っていたことを思い出し、迷わずに向かいましたよ。

遊郭のおねえさんたちはお金を持たずに仕事場へ出るので、売りにきた物を買うのは男性のお客さんでした。おねえさんが「おいしそうだね」なんて言ったらお客さんが「おっ、そうだね」なんて反応する。女性の前だからなんでしょう。いっぱい買ってくれる人が多かった。ひと山バーッとありったけ買ったりして、一度で全部なくなることもありました。売り歩かなくて済んじゃうし、もうかるし、ありがたかったですね。男っていうのは女の前ではいい顔したいもの。でもそれは悪いことではないと私は思っているんです。むしろ女の前で格好がつく男になってほしい。その場しのぎの虚勢はバレますし、格好良くない。気前のいいところを見せた時も、その後もいい顔し続けられるように、それに見合う稼ぎや知識を身につける努力をして、本当にいい男になってほしい。団子が売れると、もっと稼ごうと思って急いで戻ってのり巻きも作って売り歩きました。こちらも買っていただき、男性の皆さん、ありがとうございました。

男性は格好をつけることとすらしなくなったらいけませんよ。近ごろはどうですか？　かくいう私は未婚の母として2人の子供を産み、77歳で戸籍上の初婚で24歳年下の亭主と結婚しました。男を見る目があったかどうか分かりませんけど。ともかく、皆さん頑張ってくださいね。（2018年10月10日）

時には年齢に
甘えるご褒美を

KINGEN A-ROUND 100

最近、私は補聴器を着け始めたから何でも聞こえちゃうんです。

普段、杖を使っている私はタクシーに乗る時、ちょっとドキドキします。乗り込むのにいつも時間がかかってしまうのが申し訳なくて。運転手さんに「待たせてごめんなさいね」と謝るのは毎度のこと。話が弾むと「足も顔も悪くてねえ」なんて言って同情を買ったりしています。

亭主がいつもは「足も顔も頭も悪いです！」って続けていたんですが「あっ、そうか。こういうことはこれからは言えないんだなあ」って口をつぐんでしまいました。そうなんです。最近、私は補聴器を着け始めたから何でも聞こえちゃうんです。

亭主から「これからますます活躍するためにやってみたらどうです

か」と勧められたのがきっかけでした。補聴器は年を取ったように見えるから嫌だったんですけど、耳鼻科に行くと「ほぼ難聴に近いです」って診断されてビックリ。お医者さんが「師匠は聞こえていない分、勘で話をしていたんですよ」って言うんです。

肩肘張らずに自分へのご褒美をたまにやってみる。

補聴器を着けた後は「40」だった我が家のテレビの音量が今は半分の「20」ぐらいになった。あんまり自覚はないですが、実際はだいぶ違うんでしょう。三味線を弾いていたら亭主が、「師匠、10年前の音が出ている！　良かった！」って興奮気味に喜んでいるんです。この年齢でいい音色が出るようになったならそれはうれしいこと。〝アラ百〟で新たなスタートが切れたということなんですかね。

私の周りでは最近、〝アラ90〟で環境を変えた人もいました。85歳まで寿司を握り続けていた大将がのれんを下ろしたんです。体力を考えての選択だと言っていました。寂しいけど、その後も元気に過ごしているって聞いてホッとしました。

96歳になって気付いたのは年齢に甘えてもいいんじゃないかということ。これまで私はできないことや結果が出ないことを年のせいにするのが嫌で、年齢を忘れて行動するようにしていたんです。あちこち食べ物をこぼしたり、とんちんかんなことを言ったり、若い男性にハグしたりしたとしても、高齢だからと許してもらえるかもしれないけど、年齢に負けないように頑張る人だって多い。肩肘張らずに自分へのご褒美をたまにやってみると、新たな発見があるんじゃないかな。戸惑いながらもそう思います。（2018年10月24日）

看板磨きが成功への道

KINGEN A-ROUND100

ガラガラとしっかりうがいをしています。

「健康のためにやっていることは何ですか」。取材でよく聞かれます。元気だって前提での質問ですからうれしいですね。おかげさまで今は痛いところはないし、結構残っている歯で煎餅もかじれます。

特別なことはしていないけれど、普段からよくやっているのは手をしっかり洗い、うがいをすることですね。というのは、88歳で肺炎になった後、2回かかってしまって「〝肺炎癖〟がついてしまうのはいけない」ってお医者さんに言われたんです。肺炎になると体力が奪われて免疫が落ちるので、繰り返してしまうことがあるんですって。まずは予防として、手洗いとうがいの励行を始めました。できることはやっておきたいですから。

それからずっと外出後には爪の先から手首まで気をつけて洗い、ガラガラとしっかりうがいをしています。おかげで最近は肺炎だけじゃなくて、病気らしい病気はしていませんね。

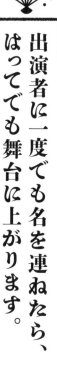

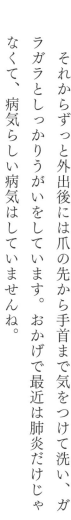

出演者に一度でも名を連ねたら、はってでも舞台に上がります。

初めて肺炎になって入院した時は鼻に酸素吸入のチューブを入れて病院から演芸場に行き、本番直前にチューブを外して舞台に立ちました。関係者に驚かれたけど「看板を出したら休まないのが芸人」と16歳の初舞台から叩き込まれていましたから当然のことです。「芸人・内海桂子」として出演者に一度でも名を連ねたら、はってでも舞台に上がります。その道のプロとして名乗ったからにはしっかり仕事の責任を果たす覚悟が大切だと思っているんです。

最近、若者がこうした〝プロの看板〟を掲げた瞬間を見ました。先月のプロ野球ドラフト会議。今年の甲子園を沸かせた高校生たちが〝就職先〟の球団が決まって「立派な選手を目指したい」とか「球界を代表する投手になりたい」とか話していましたね。しっかり初志貫徹してよって思いました。

新人は目新しさから注目が集まりますから、しっかりアピールできるように頑張ってほしいですね。すぐに結果を出せなくても、プロ野球選手なんだという看板を励みに努力を続けてほしい。多少看板が古くなっても、努力をしていれば認めてくれるお客さんがどこかに必ずいますから。そのためには日々の備えもおろそかにしてはダメ。手洗いやうがいにも通じるように、目的を持って自分にできることをサボらず丁寧にやりましょう。私も芸人の看板を磨き続けて舞台に立ち続けますよ。（2018年11月14日）

ピンチの時こそ
前を向け

KINGEN A-ROUND 100

うそやはったりでは本当の笑いは生まれませんからね。

今年、芸歴80年を迎えました。節目ってあんまり気にしていないけれど、11月28日の漫才大会（浅草公会堂）で祝って頂きました。ありがたいですね。振り返ればいろんなことがありました。大きな出来事の一つは「桂子・好江」で一緒にやっていた好江ちゃんが亡くなってピン芸人になったこと。あれから21年もたちました。

好江ちゃんがいたから今の私がある。好江ちゃんも私がいたから輝けた。そう思いたいです。私たちが舞台でやっていたのは真剣勝負。うそやはったりでは本当の笑いは生まれませんからね。

好江ちゃんが「おねえさんは凄い。未婚だけど子供が3人」って、当時の私の状況を言うと、私がすかさず「嫁にも行かずに3人もいたのは立派だと思え!」と返して笑ってもらっていました。

悲しんでいる暇がなかったのがありがたかった。

実は亡くなった1997(平成9)年はコンビであんまり会っていなかった。好江ちゃんが1人の仕事を多く入れるようになって、漫才を減らしていたんです。最初は内心穏やかでなかったけど、子供が親元を飛び立つような日が来たんだろうと理解して任せていました。

ところがある日、知り合いが泣きながら「好江さんの見舞いに来て」と電話してきたんです。前日のテレビにも元気そうな姿が映っていたので、病気なのも入院していたのも知らなかった。驚いて病院に駆けつけると、好江ちゃんは「こんなに痩せちゃった。ご飯が食べられない」と寂しそうでした。「元気を出して！」って別れてから数日後に亡くなりました。胃がんだったそうです。61歳でした。

こうして48年のコンビが終わりました。あのころ、ドラマの撮影に追われていたので悲しんでいる暇がなかったのがありがたかった。いろんな地方から人生を語ってほしいと講演の依頼も入り始めました。漫才は通常30分だったから90分話すことに最初は不安もあったけど、子供のころの話をしたら喜んでもらえて、1人でしゃべる自信もつきました。「好江さんが亡くなって独りぼっちになって大丈夫か」。当時同棲していた現在の亭主が心配してくれました。これがきっかけで婚姻届を出しました。

周囲のおかげでピン芸人としてスタートを切り今に至ります。ピンチに前を向くことができたから新たな道に進めたのでしょうね。それにしても90すぎて舞台に上がっているなんて思わなかった。こうなったら目をつぶるまでやってやろうじゃないの。（2018年11月28日）

「重し」が照らす進歩の道

KINGEN AROUND 100

ずっと着物でいられたのは着付けをしてくれた方のおかげです。

おかげさまで11月28日に浅草公会堂（東京都台東区）で行われた漫才大会は無事終了いたしました。皆さんに芸歴80年を祝っていただいたんですよ。ありがたいですね。昼夜2回の公演で、会場にいたのは朝9時から夜7時まで。久しぶりの10時間の長丁場でとても気が張ったけれど、ずっと着物でいられました。着付けをしてくれた方のおかげです。私の体形と年齢、それから滞在する時間を考え、着崩れすることなく、ゆったりとできるようにしてくださった。これぞプロの仕事。いい仕事をする人はきちんと状況判断ができるんですよ。

芸人は昔、寄席でいろんなことを学んでいました。出番を待つ楽屋や廊下で、大先輩とご一緒した時に後輩の自分はどう動くべきなのか、判断できないといけなかった。

実は最近の若手芸人がこうしたことを学べないのをずっと心配しているんですよ。そんな最中、つい最近、漫才の日本一を決めるＭ－１大会後の打ち上げで、審査員だった上沼恵美子さんに対して若手出演者が暴言を吐いたとか。それもインターネットにわざわざアップしたらしい。私もツイッターをしているから、自分の発言には責任は持ちます。目の前にいない相手にけんかを売ってもどうかと思うね。

敬うべき人がいると謙虚になれて、芸もしっかりと勉強することができる。

お笑い学校を卒業して芸人になると師匠と呼べる存在はいないし、活動の中心がテレビになっていると頭を下げる先が違ってくることが、芸人の先輩への礼儀を知らない理由の一つかなと思っています。

番組の本番前、かつての寄席のように大部屋や廊下で長時間、皆で一緒にいることがない。だから先輩の存在の重さを肌で感じることができなくなっているんですね。そもそも先輩と同席する機会を貴重だと判断できなくてはならないんだけど、そういうことも思いつかないんでしょう。功績のある先輩には必ず見習うものがあって、そういう人を尊敬することが自分の「重し」になる。どういうことかというと、敬うべき人がいると謙虚になれて、ほかの人の芸もしっかりと勉強することができるんですよ。そういうことがないと、自分が最高で現状に満足してついつい調子に乗ってしまいます。昔のことだけど、弟子のナイツが私にタメ口で話しかけてきたことがあったの。番組の企画だったんだって。予想はしていただろうけど、私の怒りようにナイツは相当ビビッていたね。まあ、師匠や先輩にはいつでも丁寧に接していれば間違いないってことですよ。（2018年12月12日）

土俵際こそ感性の道場

KINGEN A-ROUND 100

その場の雰囲気に合わせた即興のやりとりが江戸っ子気質に合っている。

ひと昔前の新年は正月らしい明るい色の着物を着て、お酒を飲んでいい気分で舞台に上がっていました。ネタをやるっていうより「めでたい、めでたい」って客席も楽屋も喜んでいましたからね。お客さんに芸を見せることに今以上に厳しかった時代でも「この時ばかりはいいでしょう」となっていました。やっぱり年始は特別でしたよ。

興行も今とは比較できないぐらいずっと多かったから、全国の劇場を回りましたね。行く先々にごひいきにしてくれる地元に根ざした自営業の旦那さんたちがいて、舞台が終わると仕事先や芸者さんも加わって改めて新年会をやったりね。華やかで楽しかったし、遊び方も粋だったなあって思いますよ。

判断に重要な働きをする感性。身につけるのに遅すぎることはない。

最近テレビ番組で「桂子・好江」の懐かしい漫才を見る機会がありました。トーク番組に呼んでいただいた時、これまでの芸人人生を振り返って流してくれました。コンビを組んだ時、好江ちゃんは14歳で私は28歳。好江ちゃんは夫婦漫才をしていた芸人の娘で、しゃべりも三味線も初めからみんな教えました。好江ちゃんは大変だったでしょうが食らいついてきてくれました。その向こう気が吉と出て、気付けば打ち合わせもせずに舞台に上がっても平気なツワモノになっていました。その場の雰囲気に合わせた即興のやりとりが江戸っ子気質に合っていて、たくさん笑っていただきましたね。

向き合う相手、置かれた状況を的確に判断して、気の利いた言葉を繰り出せるかが腕の見せどころ。それができるかどうかは、経験から言わせてもらうと感性次第です。これは芸人だけじゃなくて、普段の会話にも通じると思うんですよ。どんな言葉で話せばいいのか、緊迫感ある場面の会話を何度も経験して磨かれていくものです。

最近、暴行被害に遭ったアイドルグループの女の子が泣きながら告発していましたね。周りの大人はどうしていたのかな。大人とか役職のある人はそのためにいるようなもの。これはっていう時に手を差し伸べなくては。その判断に重要な働きをするのも感性でしょう。身につけるのに遅すぎることはない。瞬時に言葉を選ばなければならない、面倒な場面を避けず、向き合っていきましょう。(2019年1月16日)

言葉は人なり

KINGEN A-ROUND100

容姿や器量は変えられないけれど、発する言葉は磨けます。

おかげさまで96歳。長生きの秘けつを聞かれることがあるけれど、これが正直言って分からない。目の前のことをこなしながら、一日一日必死に暮らしてきたらこの年齢になっていたというのが本音です。それでも、生きていくのに大切にしなきゃいけないものは心得ているつもり。それは言葉ですね。家にいる時、テレビをよく見ているんですけど、噂の人たちの騒動の記者会見で、しみじみ言葉遣いは大事だと実感しています。

最近では、純烈っていう男性グループの会見が印象に残っています。1人が不祥事で芸能界を引退した後、残ったメンバーが話していました。ちゃんと選んだ言葉から謝罪や悔しさといった気持ちが伝わってくるものでした。先日、活動休止を発表した嵐も自分たちの思いを丁寧に語っていました。表現力の高さに感心しましたよ。

私にとって言葉は大事な商売道具の一つ。容姿や器量は変えられないけれど、発する言葉は磨けます。会場の空気を感じて、何を話すかを判断してお客さまに納得してもらえるよう心掛けています。

耳を傾けてくださる人の気持ちを考えて、日々勉強はもちろん、声の大きさや抑揚、表情にも気を配らないといけません。同じ「ダメだよ」って言葉でも、言い方一つで全く違って聞こえるでしょう。どんなことを伝えたいのか。考えてからお話ししましょう。

黙っているより、話す方を私は選びたいですね。

ただ、どう受け取られるか怖いから「沈黙は金」とばかりに、発言を極力控える人がいるかもしれません。だけど、相手のことを思って気持ちを込めて投げ掛けた言葉は、時間がかかったとしてもいつか響くものです。黙っているより、話す方を私は選びたい。

その昔、周りに知人がいるわけではなかったけれど、NHKのエレベーターで「お先に」って普段通りあいさつして降りたら仕事が決まったことがありました。後で聞いたら『あ・うん』や『夢千代日記』などの名作ドラマの演出を手掛けた深町幸男監督が乗っていたそうです。監督が私を「さりげなく〝お先に〟って言葉が出る人だから」と即断されてすぐに出演の依頼がきたんです。演技でやれと言われたらできなかったかもしれない。普段使いの言葉ってその人の生活が出ると思うんです。言葉から素敵だなあって思ってもらえる生き方、目指したいですね。（2019年1月30日）

三歩下がった優しさに感謝

KINGEN A-ROUND100

年の分だけ余計、信頼できる相手じゃなきゃ結婚まで決めませんよ。

芸能人の結婚って大きなニュースになりますね。それは昔も今も変わりません。最近は結婚の取材を嫌がる芸能人もいますね。だけど、私は自分の生きざまを取材してもらうのは、人前に出る仕事をしているのだから当然という考え。数え切れないほど芸人がいる中で、注目していただくのはありがたいという気持ちです。

ただ、亭主と同棲し始めたころ、実際に熱心な取材に遭遇した私はちょっと驚きましたよ。パパラッチっていうんですか。カメラマンが自宅の近くに出没していたんです。目の前に姿を現すわけじゃなくてもの陰から撮影していました。遠慮があったのでしょうか。ただ、私たちには全く隠すことがなかったので、真っ正面から来てくれればいいのにって思っていました。結婚した1999（平成11）年には家の前にたくさん報道陣の皆さんがやってきていました。

当時の私は77歳。そして亭主は2回り下の53歳。世間では亭主のことを「資産狙いじゃないか」と言う向きもありました。女性が年上の年の差婚の走りのころ。だからいろいろな噂が飛び交ったんですよ。

余計なお世話。私ども2人はそう思っていました。私は年齢を重ねている分、信頼できる相手じゃなきゃ結婚まで決めませんよ。亭主のことは同棲していた時にすでに公にしてラジオでもしゃべっていたし、その後も変わらずに対応していたつもりでした。

引いた位置から私を見ていて、いざという時に手を差し伸べてくれます。

当時一番うれしかったのはご近所のご配慮でしたね。お騒がせしているのに、取材に来たリポーターさんたちに「師匠とご主人は普通に暮らしているので、そっとしておいてあげて」と、普段の私たちの様子を見た率直な気持ちを話してくださった。そのありがたい距離感が〝三歩下がって後ろからちゃんと見ています〞という優しさに感じられました。米国好きの亭主には、女は三歩下がって歩けなんて発想は全くない。逆に自分自身が三歩下がったような引いた位置から私を見ていて、いざという時に手を差し伸べてくれます。下町気分っていうのかな。こういったご近所や亭主の思いやりが好きですね。

亭主には日ごろの感謝を口にしないといけないところですが、先日、久しぶりにけんかをしてしまいました。亭主の着物の畳み方がぎごちなく見えて、それを指摘したら怒ってしまって。私に代わって善かれと思ってやってくれたのにね。「ありがとう」って言葉はこの年齢になってもなかなかうまく言えないものですね。(２０１９年2月13日)

前進に年齢制限なし

KINGEN A-ROUND100

96歳になると基準値っていう数字がないのねえ。

今年の秋、日本でラグビーのW杯がありますね。ラグビーはもともと好きで亭主とよくテレビで観戦します。力が入って思わず画面に身を乗り出してしまうんですよ。そういえば、五郎丸さん（元日本代表FB）のキック前のポーズでよく使われた「ルーティン」って言葉がすっかり日常に浸透しましたね。皆さんにはどんなルーティンがありますか？　芸人では足袋を必ず右からはくとか、手のひらに「の」の字を書いてから舞台に上がるとか、いろいろなこだわりがあります。

最近の私の寝る前のルーティンはおへその周りの注射。「フォルテオ」っていう骨粗しょう症の治療薬で、骨を作る細胞を増やして骨量を増加させて骨折の危険性を低下させるんですって。一昨年、転んで

せっかくですから未開のものに挑戦していきたい。

左脚の付け根を骨折してしまって手術をしたんだけど、なかなか痛みが引かなくて、まだ杖をついていますしね。だから、もう転んで骨折しないように、お医者さんから勧められたんです。

注射の効果を知るためにこの前、病院で骨密度を測ったら、お医者さんが首をかしげているんです。あれっ、数値が良くなかったのかなあと思ったら、失笑しながら「85歳までしか基準値がないんですよ。師匠の場合は推測なんですけど大丈夫」ですって。96歳になると基準の数字がないのねえ。これには驚くやら、納得するやら。長生きすると意外なことに出合うものなのね。

10年前ぐらいの80代半ばまでは年齢なんか忘れて行動していました。70歳、80歳って年を重ねていく間に「今は○歳だから」って意識すると、その分、年を取ってしまう気がしたのでね。だけど、90過ぎになると耳が遠くなったり、行動がゆっくりになって反応が遅くなっても皆さん許してくださいます。超高齢者だからごめんなさいねって。

「酒は1合、ご飯は2膳、夜中に3回のお手洗い……と思ったら、5回になっちゃった」って舞台でやるんだけど、ありがたいことに笑って聞き流し。それにしても、どうして年を取ると水分が出やすくなるんでしょうかねえ。気付けば現役最高齢芸人になっていました。96歳だからこその新発見ってまだまだあるんでしょうね。せっかくですから未開のものに挑戦していきたい。だから人生って面白いですね。

（2019年2月27日）

優しさは嵐にも勝る

KINGEN A-ROUND100

夫とは呼べない人との子供だったけど、立派に育てようと誓いましたよ。

私の人生は波瀾万丈と言われます。自分ではそんな覚えはないんですけどね。確かに未婚で2人の子供を産み、77歳で24歳年下の亭主と結婚しました。人に言わせりゃ、これが波乱と言わずに何と言うのかとなるようです。

1人目の出産は1941（昭和16）年でした。当時19歳。夫婦漫才の奥さんがお産するということで、代役を務めていた時のこと。ありがたいことに大人気になって地方巡業にも行くようになったんだけど、夫婦漫才だから宿は同じ部屋にされたんです。それでお手つきになっちゃった。夫とは呼べない人との子供だったけど、生まれた息子はかわいくて、立派に育てようと誓いましたよ。

その後は別の夫婦漫才の奥さんの体調が悪くて代役として再び舞台に立ちました。しばらくして奥さんが結核で亡くなって、周囲から勧められて、この時の相方と結婚することになったんです。だけど、この結婚は「未婚」となりました。戦争が原因だったんですよ。

何とか生き抜こうと団子を売ったり、キャバレーに勤めたり、働きました。

1946（昭和21）年に生まれた娘が高校に入る時、戸籍謄本を取り寄せようとしたら役所に「戸籍がない」って言われて驚いたのなんの。1944（昭和19）年に結婚相手の出身地の広島県呉市に婚姻届を出していたのに、受理されていなかったようなんです。聞けば、原爆や空襲の混乱で婚姻届がどこかに行ってしまっても不思議はないということでした。役所ですら機能しなくなっていたんですね。食べ物もろくにない時代。何とか生き抜こうと団子を売ったり、キャバレーに勤めたり、働きました。夫は私の稼ぎをあてにして働かなかったんだけどね。だから婚姻届も出し直さず、のちに別れました。

夫には連れ子の男の子がいて、私は実の子供と一緒に育てました。男の子はその後「ラッキー幸治」と名乗って太神楽《だいかぐら》曲芸師として関西で活動していたんです。東京に来た時にはあいさつをしてくれていたんだけど、一昨年に急性硬膜下出血で亡くなりました。77歳でした。周囲から「〝桂子師匠は僕たちのためにすごく働いてくれて、とてもかわいがってもらった〟と感謝していた」という話を聞いてああ良かったと思いましたよ。差し伸べた手が幼い子供の心にも届いていたんでしょうか。波乱の中にいる時こそ、ぬくもりって伝わるものかもしれません。（2019年3月13日）

感謝の言葉は極上のギフト

KINGEN A-ROUND100

自分の気持ちに加え、相手の思いを分かっていたと伝えた時、大きな喜びになる。

我が家はテレビでよく海外のスポーツ中継を見ています。私と結婚する前、亭主は米国に住んでいたから今でも興味があるみたい。私ももともとスポーツ好きだから、チャンネル争いは起きません。ほかのことで小言の応酬はありますがテレビの前では至って平和なんです。

そんな私たち夫婦が楽しみにしていたのが、3月20日と21日のマリナーズの公式試合。あのイチローさんが日本でプレーするんですから、張り切って2人並んで見ていました。突然の引退発表は驚いたけれど、それにしても、イチローさんの会見は面白かった。

奥さんが握ってくれたおにぎりを試合前に食べていて、メジャー生活18年で計2800個ぐらいになっていたという話。3000個まで握らせてあげたかったと言っていたのがうらやましいなあって思いました。自分の気持ちと、自分に対する相手の思いを理解していたと伝えた時、自分にも相手にも大きな喜びになりますから。

イチローさんは、自分と奥さんの思いをおにぎりのようにギュッと詰め込んでいましたね。奥さんもうれしいでしょうし、私たちにもイチローさんの日常が分かる貴重なエピソード。まさにギフトでした。

亭主は何も言いませんが、私に善かれとやっていること。分かるのは、

ウチの場合は食事を含めた家事を全部、亭主がやってくれていて、心の中ではいつも感謝しているんだけど、「ありがとう」って言えるタイミングが見つけられない。「この焼き魚、おいしいね」ぐらいは

あっても「いつも作ってくれてありがとう」って突然言ったら、具合でも悪いのかって心配されるのがオチでしょう。私は目をつぶるまで芸人をやってやろうと思っているので引退会見なんてないから、いつ亭主にお礼を言うんだろうって、イチローさんの会見を見ながら思いましたよ。

それを知ってか知らずか、最近の亭主はスパルタ。トイレに行くように言われ、済ませて部屋に戻ると三味線箱が置いてあって半強制的に「弾いてください」となります。散歩の帰りには杖を取り上げられ、つないでいた手も離されるから、怖いけど自力で頑張って歩く状況になっていますね。亭主は特段何も言いませんが、分かるのは、私に善かれとやってくれていること。それでも私は1回ずつありがとうなんて言いません。家族とはそういうことの積み重ねなんでしょう。

絶妙なタイミングの感謝はさすがイチローさん。私もたまには亭主を喜ばせるギフトを考えたいなあ。（2019年3月27日）

価値は付加価値にあり

KINGEN A-ROUND100

料理だけじゃなくて、お店がそっくり味わえるような面白さを見つけたい。

すっかり気に入っていたけど突然やめてしまったお寿司屋さん。店主の大将が去年「85歳になって年齢的に体力が厳しくなった」ってお店を畳んだんです。味はもちろんのこと、大将のうんちくとカウンター越しに見える包丁さばきや所作が気に入って通っていたんですよ。そこには職人技と人間技がありました。

また行きたいって魅力があるから長く通っているお店はいくつかある。だけど気持ちとしては、初めて行くお店で新たな出合いがあるといいなあという期待感もあるんです。料理だけじゃなくて、お店がそっくり味わえるような面白さを見つけたい。

この前、ある高額な寿司屋に行きました。私に合わせてちっちゃく握ってくれたりいろいろな気遣いをしてくれてありがたかったし、料理自体もおいしかった。だけど、もう一度行くにはどうかなって思っていたら、亭主も同じ気持ちだったそうです。

請求金額に対してどれだけ満足できたか。これをコスパというらしいけれど、はっきりいって高額になればなるほど、客は満足感を期待する。それでも素人に極上の技術がどこまで分かるのか。そうなってくると、板前さんが醸し出す会話力やら所作が大切になってくるでしょう。

一定のレベルの結果を出した次の段階で、自分にしかできないものを加えられるか。

同じようなことは芸人にも言える。ネタを完璧にやりこなすことは最低限必要。だけどそれだけでは、お客さんが何度も足を運んでくれることはないでしょうね。私が初めて人前で漫才をやったのは16歳。それより前から舞台袖でほかの芸人さんの舞台を見続けています。うまさを感じる漫才は客席の雰囲気に合わせた話を仕込んだり、間をつくって笑いに持っていったりしているもの。それができる芸人については、明日の舞台はどんなものを見せてくれるのかなあって楽しみになってきますよね。また足を運びたいってなる。これってどんなことにも当てはまるんじゃないかな。

　ある一定のレベルの結果を出す人はたくさんいるでしょう。そこに自分にしかできないものを加えられるのか。披露できるのか。その競争が次の段階にあるんです。ほかの人にはない独自の付加価値を付けること。これを意識して努力できるか。ひと味違う輝きを出せるのかの差はそこにあります。（2019年4月10日）

先人の知恵は風を生む

KINGEN A-ROUND100

先人の教えを受け継いだ人が新たに進化させていく。

新元号「令和」が5月1日から始まりますね。最近は大正、昭和、平成、そして令和の4時代を生きる96歳の漫才師として取材を受けることが増えてきました。

多いのは「令和はどんな時代になると思うか」という質問ですね。いつもお話しさせていただいているのは「時代は世の中がつくるんじゃなくて、住んでいる人、つまり我々国民がつくっていくものだ」ということ。口幅ったいですが、長く生きているとそう感じています。

昔はそれぞれの家に家訓がありました。生きていく上での知恵がここで引き継がれていって、家風を生んでいたんですね。先人の教えを受け継いだ人が新たに進化させていく。これが文化を育て、時代を引っ張っていくんでしょう。芸人であれば、最近はめっきり少なくなってきましたが、師匠と弟子の関係が似ていますね。これがいろんな知恵を伝えていました。

経験者の蓄積がもっと世の中に伝わる環境になるといいなと思います。

私の弟子に漫才コンビのナイツがいます。この2人がデビューしたてのころ「スーツにネクタイをきちんと締めて舞台に上がりなさいよ」って私は言っていました。20年ぐらいたった今でもスーツにネクタイ。伝えたことを守ってくれているようでうれしいです。

10代のころから舞台袖で幾多の先輩たちの漫才を見ていた私。人前に立つ時はきちんとした格好でなければと肌で感じてきました。お客様に見ていただくわけだから失礼な装いで登場することはできません。今でもきちんと髪を結い、着物で舞台に立たせてもらいます。

実はちゃんとした格好で笑わせるのって案外難しいんですよ。これが若手を鍛えることにもつながっているんです。格好や外見に頼って笑ってもらおうとするのは芸ではないですね。どなたが見ても不愉快でない格好を維持する基本が大切なんです。

昔も今も変わらず、年寄りの経験に耳を傾けようとする人は結構多いようです。亭主が言うには、87歳から始めた私のツイッターでは、昔のこと、例えば関東大震災や東京大空襲の経験を書いた時、皆さんからのコメントが多いそうです。

先人の知恵は新たな風を生んでいく。経験者の蓄積がもっと世の中に伝わる環境になるといいなと思います。私も着物でずっと笑ってもらえるように張り切っていきますよ。（2019年4月24日）

頭と体動かさずして
稼ぎなし

KINGEN A-ROUND 100

私にとって前例がないってことは快感です。

我が家の時計は24時間制。午後2時であれば表示は「14・00」。時刻が12以上の時は12を引いて何時なのかを確認していますよ。

きっかけは2、3年前のこと。寝ていてふと目を覚ました時に時計を見たら「2・00」の文字。「あ〜っ、仕事に遅れる」って大慌てで着物に着替えてドタバタしていたら、亭主が「何してるんですか、こんな夜中に」と驚いた様子で顔をのぞかせていました。

午前2時と午後2時を間違えてしまったんです。そういったことが何回かあった後、亭主が「これなら間違えないでしょう」って時計の設定を変えて、我が家に24時間制が導入されたというわけです。

亭主は「経験しないと訳の分からないことっていっぱいありま

す」ってしみじみ言っていましたよ。どういうことかっていうと、90歳を超える人が日常生活でどういうことに驚いたり、慌てたりするのか。周りで経験している人がほとんどいないから推測できない。病院の検査でも「数値に前例がなくて96歳の平均値が分かりません」って言われます。

それでも私にとって前例がないってことは快感です。今は自分自身が超高齢になったから当たり前になったけど、若いころには漫才師としても、生きるためにも、前例がないことを目指していた気がします。

自分から進んで何かをしている人が結果的に成功していました。

10歳で奉公に出た老舗そば屋の神田の更級。ここでお客さんの下駄の鼻緒を直したり、きれいに拭いたりしていると「取っておきな」ってお釣りの3銭をいただくことが多くて結構な貯金ができました。戦後の混乱期には吉原へ、団子やのり巻きを売りにいって、お金を稼いでいましたよ。生きるために必死だったからかもしれませんが、誰かがやっていることをそのまま継いだり、まねしたりではなかったので、前例はありませんでした。どうなるか分からない分、面白さもありましたね。

周囲を見渡しても自分から進んで何かをしている人が結果的に成功していました。頭と体を動かさないと銭にならない。この考えは96歳になった今でも変わりません。動かすのが頭だけだったり、体だけだったりではうまくいかない。両方使いましょう。ただし、頭も体も年とともにスローになります。この当たり前のことを受け入れて、できることを精いっぱいやっていくこと。そうすれば年齢に見合った価値が出てくると思うんです。(2019年5月15日)

進歩は気合の一歩から

KINGEN A-ROUND100

ネット販売はとても便利。取り入れて良かったなあと思っていますよ。

皆さん、買い物ってどうしていますか。近所のスーパーに行ったり、ごひいきの店に行ったりしていますか。私は最近ネットで購入することが増えてきました。

写真や説明をよく見ていなくて、手元に届いてから「あれ」って思う時もあるんですけどね。先日は手に取ってから「上っ張りにボタンが付いていない」って気付きました。今風のデザインなんだろうけど、私はボタンを留めて着たいんですよ。返品もできるけど、亭主に話したら裁縫箱を出してきてボタンを付けてくれたので、これで着てみようと思っています。

一昨年転んで折ってしまった左脚の付け根のリハビリをまだしてい

るので、お店を歩き回って欲しいものを選ぶのがちょっとつらくなってきたんですね。だからネット販売はとても便利。家にいながらウインドーショッピングっていうのかな、いろんな商品を見られるのが楽しいですね。私なりに新たなものを取り入れて良かったなあと思っていますよ。一歩踏み出してみると違った世界が広がります。

「これはできない」なんて壁をつくらずに腹をくくってやってみる。

私は舞台で「銘鳥銘木」っていう掛け合いをやっています。どういうものかというと、まず1人が「銘鳥銘木、木に鳥とめた」と言って、相方が「何の木にとめた?」と聞きます。そして聞かれた方が「き」が付く言葉を答えます。そして「何鳥とめた?」という問い掛けに

「とり」の付く言葉を挙げるんです。弟子のナイツは「ウイスキーにとめた」「サントリーとめた」と答えていました。なかなか機転が利いていました。

最初のころ、ナイツは塩梅《あんばい》が分からず大変戸惑っていましたよ。舞台の上で言葉に詰まるっていうのが怖かったみたい。それでも言葉に抑揚をつけたり、動きをつけたりといろいろ工夫をしていましたね。

最初はまねごとでいいからプロの振る舞いをしないといけないということを感じたみたい。というのは、芸人として舞台に立つ以上、お客さんにとっては新人だろうが、ベテランだろうが変わりがないんです。

「これはできない」なんて壁をつくらずに腹をくくってやってみる。そうじゃないと新たなドアは開きません。〝アラ百〟の私ですが尻込みせずにチャレンジしていきますよ。（2019年5月29日）

欠点こそ大逆転の鍵

KINGEN A-ROUND 100

失敗を覚悟しながらも、努力や工夫をして進んでいく。

「美女と野獣」と呼ばれる結婚が話題となっています。芸人の山里亮太さんと人気女優の蒼井優さん。山里さんは「ブサイク芸人」なんて言われていたみたいですね。そんな人が売れっ子美人女優と結婚したのだから「大逆転」とか「大金星」とか、世間では山里さんを祝福する声が多いわけですね。

そもそも人は逆転が好きなもの。事態を好転させるため、失敗を覚悟しながらも、努力や工夫をして進んでいく。その結果、プラスになるような結果を勝ち取るのだから、他人のことながら祝福したくなるのも分かります。

ビジネスの世界でも「逆転の発想」って言葉が前向きにとらえられ

ていますね。ピンチをチャンスに変える発想と力強さが利益を生む原動力。みんなが感心するし、まねしたいと思いますね。

自分をプロデュースする楽しさってきっとあると思うんです。

芸人生活80年。そういえば、意識せずにそういったことを考えてきた気がします。かつて漫才コンビの「桂子・好江」で活動していた時、相方の好江ちゃん（1997〔平成9〕年、61歳で他界）が舞台でしゃべっている時にどんどん後ろに下がっていく癖があったんです。演出上の意味合いがあればいいのだけれど、それはないのに客席からだんだん離れていってしまう。改善しなきゃいけない課題でした。

そしてやってみたのは漫才のネタで「おひかえなすって」って好江

ちゃんに仁義を切らせたんです。中腰になって片方の手を前に出してポーズを取るから一歩前に出ないとさまにならない。結果は大成功でした。同時に好江ちゃん持ち前の切れの良さも際立ったし、癖も直ってよかった。

弟子の漫才コンビ「ナイツ」は最初のころ、舞台で突っ立ったままましゃべっていました。2人には「しゃべっている時にもう少し手足を動かしてみると舞台が広く見えるよ」ってアドバイスしました。そして動きをつけて話してみたら、しゃべりにメリハリが生まれたんですよ。その後、ナイツ独特のたたずまいというか、空気感も出てきたので良かったなあと思っています。

欠点に気付いた時がチャンスの始まり。しっかり欠点と向き合って効果的に動きましょう。失敗もあるでしょうが、自分をプロデュースする楽しさってきっとあると思うんです。（２０１９年6月12日）

隣人救うは想像力

KINGEN A-ROUND 100

ありがたいことに席を譲ってくれる方が多く、甘えさせてもらっています。

山形県沖で大きな地震がありました。ケガをされた方、不便な生活を強いられている方々が少しでも早くいい方向へ向かうことを願っています。

ニュースでは多くの人が高台に避難したことを伝えていましたね。ここで私が気になったのは避難できなかった人もいたということ。被災地に親戚がいる人から「足腰が悪いのでとても高い所へなんて行けない」と沿岸部の自宅で寝込んでいた老夫婦の話を聞きました。そこに津波が来ていたらと思うとゾッとします。私たち夫婦がそのような場面になったらどうしただろうか。そんなことが頭をよぎりました。

私はといえば、一昨年の冬に左腰を骨折して以来、歩く時には杖をついています。危険が迫る中で急いで歩くなんてきっとできないでしょう。72歳の亭主がおんぶして高台にたどり着けるのか。いざという時、どうするんだろうって考えさせられました。これって意外に多くの人が抱える問題なのかもしれません。

実は最近、足腰の不安による身の危険を感じているんです。今月上旬からはり治療を受けていて、3年ぶりに電車を使っています。タクシーに乗って1時間もかかるからやむを得ない選択なんです。亭主は「電車の揺れに師匠の足腰が耐えられるか心配」って神経をとがらせています。転んで再びケガをしてしまっては本末転倒ですからね。

我が家の現在の一大事ともいえる電車移動。ありがたいことに席を譲ってくれる方が多く、甘えさせてもらっています。自分が高齢者だったらって、ご自分に置き換えて考えてくれたのかもしれませんね。

ちょっとだけ他人の身になって考えると、それが大きな助けになるかもしれない。

将来に目を向けたといえば、2000万円問題がありました。「95歳まで生きるには夫婦で2000万円の蓄えが必要」っていう報告書。これを金融庁の審議会が出したのに「不安とか誤解を与えている」って金融担当大臣が受け取らなかった。お互いの話し合いが全くないのでしょう。試算は年金で月に約19万円の収入がある夫婦だったから、国民年金で1人月5万円の夫婦ならもっと不足が出ることになりますね。そんな不安を抱えても必死に生きている人もいるってこと。

ちょっとだけ他人の身になって考えると、それが大きな助けになるかもしれない。目の前にいる人はどんな状況なのか。何を困っているのか。生活を救うのはそんな想像力でしょう。（2019年6月26日）

芝生の色は自分次第

KINGEN A-ROUND 100

やっぱり、何かをやったという充実感があった時のお酒っておいしい。

晩酌をしている時、どうも気になることが発生しました。お酒を飲むのに最近使い始めた器が前より小さくなった気がしたんです。これは一大事。我が家の決まりは1日1合で、差し出されたグラス1杯飲みきり。だから、この器に入ったお酒を飲み干すと後はなし。

「この器、本当に1合あるの？」疑いのまなざしで亭主を見つめる私。亭主は「ありますよ。形が変わっただけで大きさは変わりませんよ」と涼しい顔です。「量ってほしいなあ」ってつぶやきながらも、今夜も目の前に出されたグラス1杯の晩酌をいただきます。

お酒がおいしいといえば、しみじみ感じる一日がありました。年寄りは早寝早起きといいますが、私は遅寝遅起き。真夜中に寝床に入り、だいたい午前11時に起床します。そんな私がいつもの生活パターンを崩して、2時間早い午前9時に起きて支度をしたんです。

舞台に出演前、弟子のナイツと一緒の取材が入ったので、家を早く出ることに。ひと仕事終えてから舞台を務めるのは最近はなかった。疲れるか心配だったけれど、無事に終えることができました。驚いたのはその日の打ち上げ。トンテキを食べながら頂いた日本酒が格別でした。やっぱり、何かをやったという充実感があった時のお酒っておいしい。超高齢芸人ですが、まだまだいけるって自信も湧いてきて、お酒がいつもよりワンランクアップした感じがしました。

晩酌をおいしく飲めるような一日一日を送るとしますよ。

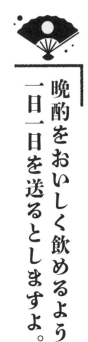

今はすっかりいける口の私ですが、飲めるようになったのは25歳。それまでは本当に下戸でした。初めてお酒を口にしたのは戦後の混乱期。未婚の母として2人の子供を育てていて、2人目の子供の父親と暮らしていたんだけど、漫才の舞台が少なくなって、家族を支えるため、浅草のキャバレーで働き始めたんです。飲めないからと断ってばかりいるわけにもいかず、だんだんと量が増えて現在に至るというわけです。

家のテーブルで手元に目を移すと「やっぱりこの器は小さいんじゃないかなあ」って疑っています。隣の芝生は青いっていうけれど、前の器の方が良かったって不満が出てきますね。相変わらず亭主は「前と同じ大きさです」と言い張っています。器は変えられそうにないから、そう信じて晩酌を待つしかないわね。おいしく飲めるような一日一日を送るとしますよ。自分が変わればこちらの芝生も青色になるでしょう。（2019年7月10日）

〝アラ百〟も目指していきたい高枕

KINGEN A-ROUND100

「舞台に上がる時には着物を着る」と決めて芸人人生80年。

蒸し暑い日が続いています。そのせいなんでしょうかね。最近、体調を崩しました。突然、耳が聞こえなくなって動きが鈍くなった瞬間があったんですよ。

「師匠、大丈夫ですか？」って亭主は心配しきり。「舞台に上がる時には着物を着る」と決めて芸人人生80年。ここまでずっと貫いてきましたが、着物に着替えることが大変だったので、先日の東洋館（東京・浅草）は洋服で失礼させてもらいました。

このところ大事を取って、家で横になっている時間を多く取っています。というより、亭主に寝させられています。

知り合いに話したら「この時季の不調は水分が足りないのでは」と

言っていました。振り返るとそうかもしれない。亭主とちゃぶ台を囲んでよくお茶を飲んでいますが、水分が足りない可能性はあります。残念ですけど、年を取ると感覚が鈍くなります。喉が乾いたとか、自覚がないのかもしれません。

超高齢ですが、いろんな角度でまだまだ面白がれるって前向きに考えています。

無意識といえば最近、朝起きると枕が外れているんです。ずっと使っているのは桐の素材の箱枕。日本髪を結っているんでね。

そもそも箱枕って、江戸時代に男女共に髷を結っていたころ、髪形の崩れを防ぐために作られたとか。首の付け根にあてがうようにして寝ると本当に髪が崩れずに重宝しているんです。慣れているから頭がズリ落ちるなんてことはなかったのにね。

体調を崩したことで硬い枕が合わなくなったのかもしれないと、亭主がそば殻の枕を用意してくれました。だけど、軟らかすぎる気がしてしっくりこないんですよ。

洋服で舞台に上がったり、枕を替えたり。不本意ながらも初めての体験をしております。ここまできていろんなことを試せることを幸せと感じないといけないんでしょうね。横になりながら見たゴルフの全英オープンは地面ばかりに目がいってしまいました。アップダウンが激しいコースなんですね。こりゃ、選手について歩くギャラリーも大変だなあって。ちょっと違う視点も楽しんでおります。超高齢ですが、いろんな角度でまだまだ面白がれるって前向きに考えています。

体調も徐々に良くなってきているし、きっとすぐに枕を高くして眠れる日がやってきそうです。（2019年7月24日）

ワガママ言うなら
覚悟持て

KINGEN A-ROUND100

160キロを超える投球をすると体を壊すという意見が多いけど……

ただ今高校野球の熱戦が甲子園で繰り広げられています。さすがどのチームも鍛え上げられていて全国レベルの高さに感心するばかり。解説者によるとかなりの作戦が選手自身に任されているんだとか。それくらい頭を使える選手も多くなっているということか。

それでも前評判の高かった佐々木朗希投手擁する岩手・大船渡高校は甲子園には出てこなかった。県大会で敗退したわけだけど、決勝戦には全く出場しなかったらしいね。

その理由についてはいろいろ情報が流れているけれど、投げたら体を壊すからと監督が言っていたというのを新聞で読みましたよ。

佐々木投手本人は「監督の判断なのでしようがないです」って言っ

た後「高校野球をやっていたら試合に出たい、投げたい思いはあります」。投げられる状態だったかには「はい」と答えたとか。

ただ、あれだけ期待が膨らむ記事やニュースを目にしていたので、簡単に「あーそー」とはいかない気分。１６０キロを超える投球をすると体を壊すという意見が多いけど、若者がそれに躊躇するかは本人にしか分からない。医学的にダメだからそんな高速投球を禁止するなんて規則ができないことを望みますよ。

自分の発言に自分で責任と覚悟を持たないといけません。

私事で恐縮ですが先日突然声量が弱くなって困ったことになった。「体が動くなら舞台に出てくれ」と言われ、私の亭主でもあるマネージャーの判断任せにしたら「行きましょう」となった。

私は「何があっても看板が出た以上、舞台には上がる」と常日ごろ言っているので彼の判断に揺るぎはなかったのでしょう。その後も大した検査なしで自分の気分を優先させています。

こういったワガママを言えるのが、自分の判断ができる大人の世界。といっては子供さんには失礼だが、子供さんの世界の近くには事情が分かっている大人がきっといる。

佐々木投手の登板回避も監督という、いつも投球を見ていた大人が判断したことだから誤りはないでしょう。自分の主張が通りにくい子供に対して、判断を下す大人の責任というものはどんなに大きいものなのか。また、ワガママを言える大人の世界では、自分の発言に自分で責任と覚悟を持たないといけません。

逸材高校生が自身の経験も経て、さまざまなことに責任の持てる大人になっていくことを大いに期待したいです。（２０１９年８月14日）

守るべきは
みそ汁1杯の幸せ

KINGEN A-ROUND100

男なら兵隊で出兵しなきゃいけない。慰問は芸人の使命なんだから。

令和最初の夏は暑かった。私は完全に夏バテ気味で病院で点滴を打ってもらったりしました。食欲が減退しているんで、最近ありがたいのが亭主が作るみそ汁。風味と塩分がとてもおいしく感じるんですよ。「いただき物の豆腐とみそがいいんだろうねえ」。そう言ったら、亭主は「僕の気持ちを込めているからですよ」だって。

しみじみ感じたのは、みそ汁をゆっくりと味わうことの幸せ。8月は戦争のことをよく聞かれるので、当時のことを思い出すからでしょうね。戦時中、戦地慰問によく出掛けていました。陸軍から、芸人は戦地で戦う兵隊さんに笑いを届けるため、慰問団として派遣されていたんです。国内だけじゃなくて中国へも行きました。満州や河北省の北支関東軍にも足を運んだんです。

当時、我が子は2歳。「小さな子供を残して戦地に行かせていいのか」って心配してくれる近所の人もいました。そうしたら母が「男なら兵隊で出兵しなきゃいけない。慰問は芸人の使命なんだから」って言い返したらしい。当時は市井の人たちもみんなそんな了見でした。誰もが「お国のために」って真剣に思って実践していた時代だったんですよ。

国の方向を決めるのは国民。これが私の経験からの思いです。

万里の長城の駐屯隊を回った時には「軍用トラックで走っていると狙撃されるから、安全な方へ」ってトラックの後部座席に乗せられたこともありました。前の日に笑ってくれた兵隊さんの枕元に線香が立っていたのも見ました。死はとても近かったんです。

東京に帰ってくれば空襲警報が鳴っていて、B29も見慣れてしまった。そんなころ「広島が大変なことになっている」って噂話が流れてきました。原爆が投下された数日後のことでしたね。その後「長崎も」って話が聞こえてきたけれど、終戦するなんて雰囲気は全く感じなかった。だから戦争が終わったって分かった時は物凄く驚いたんですよ。

幸せが第一。そんなことは今も昔も変わらないけれど、ほど遠くなってしまったのが戦争でした。今は海外の日本人選手の活躍がリアルタイムで分かる時代。数日遅れの噂話とはレベルが違うから、しっかりと世の中をつかめる環境なんだと信じたい。国の方向を決めるのは国民。これが私の経験からの思いです。みそ汁をゆっくり味わえる時代。これを守っていきたいですね。(2019年8月28日)

今は偶然の産物

KINGEN A-ROUND100

赤ん坊だった私は母に背負われながら、九死に一生を得た。

どこまでも広がる赤色。寝ている時、この光景を夢に見てハッとして目を覚ますことがあるんですよ。東京大空襲の記憶なのか、それとも関東大震災の幻なのか。

関東大震災は私が1歳まであと11日という1923（大正12）年9月1日に発生しました。さすがに覚えているはずがないのですが、後からいろんな人の話を聞いて恐ろしいイメージが私の心の中に出来上がっているのかもしれません。九死に一生を得た。まだ赤ん坊だった私は母に背負われながらそんな経験をしました。

あのころの私たち一家は本所（東京都墨田区）の親戚の家で暮らしていました。裕福という言葉からはほど遠かったのですが、つつましくも平穏な日々を続けていくはずでした。

そこに襲ってきたのが大きな揺れ。ちょうどお昼で、どの家も料理をしていた時間帯です。かまどでご飯を炊いたり、しちりんで魚を焼いたりしていた時だったので、あっという間に街中に火が燃え広がっていきました。命はこんなに重いものなのに、その運命はほんのちょっとしたことで変わります。

「いろいろな偶然が重なって今日がある。」

私をおぶった母は火の手に追われながら東へ進み、たどり着いた荒川の土手でひと息つきました。情報なんて何にも入ってこない時代。北に向かって、大きな被害の出た陸軍被服廠《ひふくしょう》（軍服の製造工場）の跡地（現在の都立横網町公園〔墨田区〕）の空き地に避難していた可能性だってあったんです。ここでは家から持ち出せる家財道具を荷車に載せて、周辺の人たちがどんどん避難して集まっていました。そこに強風にあおられた炎が襲い、家財道具に燃え移ってあっという間に人々をのみ込んで3万8000人が犠牲になったんです。とても人ごととは思えない。たまたま母は無事だった土手へ向かっただけ。一緒に暮らしていた親戚ははぐれて行方不明になり、今も見つかっていません。

もうすぐ私は97歳の誕生日を迎えます。我が家には「エアコンが壊れた」って絶望的な顔つきで立ちつくしている亭主がいます。「扇風機があるじゃないの」って言うと、「そうですね」って小走りで取りにいって私に風を送ってくれます。こんな何げない日常。いろいろな偶然が重なって今日がある。たまには背筋を伸ばして今ここにいる幸せに感謝しようと思います。（2019年9月11日）

年齢は
都合で思い出せ

KINGEN A-ROUND 100

いい方向へ変化する時って、耳の痛い指摘を受け入れた結果だと思います。

夏バテで体調を崩して周りはハラハラ。それでも9月12日の97歳の誕生日、舞台に上がることができました。ベテランから若手まで出演者全員が舞台でハッピーバースデーを歌ってくれた。〝アラ百〟で大勢の人に祝ってもらえる私は幸せ者です。

最近は家でのんびりテレビを見ることが増えました。楽しみの一つとなっているのがラグビー観戦。日本で開催しているW杯ですからね。日本代表は初めての8強入りが夢じゃないとか。昔は世界相手には負けるのが当たり前で、善戦すれば頑張ったって拍手を送られていましたね。それが今では強豪にも渡り合える。長い年月をかけて実力をつけてきたのは素晴らしいことです。

人や組織がレベルアップしたり、いい方向へ変化する時って、耳の痛い指摘を受け入れた結果だと思います。ある程度年を取ると、芸に伸びを欠く芸人を何人も見てきました。周囲の人たちが何も言わなくなることが大きな原因でしょう。私はその点、いい環境にいると勝手にとらえています。

年齢を理由に諦めるのはもったいない話。やりたいことをやるべきですね。

マネージャーでもある亭主がズケズケとものを言うんです。この前なんて「最近の師匠は写真撮影の時、自然な笑顔をつくれていませんよ」って。一応レディーですから、笑顔へのダメ出しはちょっぴり傷つきますよ。だけど、写真を見ればだいぶ情けない顔になっている。

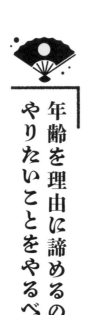

それからは思い切って笑って撮影しています。まだ気力が不足していて大きな笑顔にはなっていないけど、やる気で立ち向かう気分にはなってきました。

「60歳だからもう働けない」とか「70歳だからこの服は派手」と言って年齢を理由に諦める人を時折見かけますが、それはもったいない話。年齢に関係なくやりたいことをやるべきですね。年齢は効果的に使いましょう。例えば、ちょっとした雑用を後輩にやってほしい時にちょっぴり先輩風を吹かせばいいんです。

97歳の私ですが、まだまだ伸びしろがあるって信じています。助言してくれる人へ感謝するといいことがありそうです。ただ、本当に自分のことを思って言ってくれているのかを見極める必要がありますが。耳の痛い話も受け入れて自分で上達できた時、若々しさも手に入れられるでしょう。年齢は都合の良い時だけ思い出して、あとは忘れていればいいんです。（2019年9月25日）

全ての道は姿勢から

KINGEN A-ROUND100

背中を壁につける姿勢チェック。気が向いたらやっていくとします。

散歩をしていた時のこと。一緒に歩いていた亭主が「師匠、頭の位置が体より前に出ていますねえ」と突然言ってきました。

私自身は自覚がないもんだから、どんなもんかと壁に背をつけて立ってみた。亭主にそばで見てもらったら、壁から頭が10センチぐらい離れていた。そうか、前のめりになっていたんですね。街を見渡すと、背中が丸まって頭が前に出た姿勢で歩いている高齢者ってたくさんいます。私は超高齢者だけど、まだ舞台に立って鍛えているから大丈夫。そんなふうに考えていたけど、人ごとじゃなかったね。

壁に無理やり頭をおっつけると何とかくっつくけれど、物凄く違和感がある。実は背中を壁につける姿勢チェックを95歳ぐらいまではよくやっていたんだけど、最近はサボッていました。これから無理せず、気が向いたらやっていくとします。姿勢が悪いと年寄りくさく見えるだけでなく、動きも悪くなってしまいますからね。

前のめりになっていいのは、ここぞっていう勝負の時だけ。

この前、タクシーに乗った時「高齢者のブレーキの踏み間違いは運転中の姿勢が悪いからじゃないか」って、運転手さんが話していました。運転手さんの考えでは、姿勢が左右どちらかに傾いていたり、前につんのめっていると、急いでブレーキを踏もうとした時に、踏み出す足の方向が微妙に違ってしっかりブレーキに届かないというんです。

私も食事中の姿勢がいいかげんな時、うまく動けずに、食べ物をこぼしてしまったりします。正しい姿勢を意識していないと、いろんなところに影響が出てしまうのは生活の経験上誰もが感じているところじゃないでしょうか。

そういえば、かつて私は後輩の芸人たちに「姿勢を良くしなさい。背筋を伸ばすだけで自信がつくでしょ」ってよく言っていました。姿勢が悪いと気分もシャキッとしない。下を向いていると気分が落ち込んでしまいます。

前のめりになっていいのは、ここぞっていう勝負の時だけ。斜めにものを見たりするのは視点としてはいいけれど、それは真っすぐな見方を知っているからこそ。正しい姿勢を取れないと何事もいい動きはできません。

95歳を超えるとちょっと気を抜くとそこから空気が抜けるみたいにエネルギーがなくなるんです。元に戻すのはかなりきついけれど、やるっきゃないか。まずは背筋を正してみます。(2019年10月5日)

想定内を増やせ

KINGEN A-ROUND 100

人の運命はちょっとしたことで天と地の違いが出てしまう。

「自分の命はご自分で守ってください」

ドキッとして思わず振り返ってしまいました。台風19号のニュースを見ていたらアナウンサーが言っていましたね。この言葉、役に立ったのか皆さんに聞いてみたいです。行動を見直すきっかけになったとしたら効果があったということになりますね。

このコラムで何度かお話しさせてもらいましたが、私は九死に一生を得た経験を何度もしています。関東大震災や東京大空襲がまさにそうでした。私たち一家はたまたま火の手を逃れられたんです。人の運命はちょっとしたことで天と地の違いが出てしまう。それが生きてきて感じていたことでした。

ただ、現代は行き当たりばったりじゃない。決定的な違いは情報量。今は手元のスマホでいろいろ調べられますからね。例えば、どのぐらいの雨が降って、どんな備えをすればいいのか。ある程度はスマホで分かります。備えられる時代になったと思っていたんです。ところが台風関連のニュースでは「想定外だった」ってよく聞きました。

福島では過去の水害を教訓に家をかさ上げしたのに、浸水で亡くなっていた高齢女性がいたそうです。ほかにも各地で予想を超える水があふれました。想定以上のことが起きてしまったからこそ、備えが足りない部分が露呈して、被害が大きくなってしまったのでしょう。

現代は、危機が迫っていても実感できない人たちが多くいるのかもしれません。

それで思い出すのが、アナウンサーの言葉。関東大震災や東京大空襲で逃げている時に言われたとしたらどうだったでしょうか。私たちは空襲で逃げている途中「ここにいろ！　動くと死ぬぞ！」と日本刀を振り回して叫んでいる人に遭遇しました。鬼気迫る姿を見て、その場でトタンをかぶって地面に伏して一夜を過ごして無事だったんです。

あの時「自分の命はご自分で守ってください」と言われたとしても、何をノー天気なことを言ってるんだよ。こっちは逃げるのに必死なんだよって聞く耳は持てなかったでしょう。自分で自分を守るのはあまりにも当たり前だったから。

「命を守れ」とアナウンサーが言う現代。危機が迫っていても実感できない人たちが多くいるのかもしれません。自分でいろんな場面を考えて想定外を減らすこと。これが今を生きる道なのでしょう。（2019年10月19日）

合わせちゃいけない
身の丈に

KINGEN A-ROUND 100

お祭りを盛り上げたいのが江戸っ子気質。年齢も職業も性別も関係ありません。

久しぶりに背伸びをしてみました。首を長くして何を見ていたかというと、我が家からほど近い東京・浅草の街です。

パンが好きでよく食べるのですが、ある日、家にあった一切れを口にしたら、小麦の深い風味が広がって、いつもと違ったおいしさがありました。亭主が浅草ビューホテルで買ってきたそうです。ビューホテルといえば、ちょっと前までは近所から28階建ての全景が見えたけれど、今は高層階しか見えなくなった。それで爪先立ちでいつもより視線を上にしてみたら結構な高さのホテルがいくつも見えました。来年の五輪を前に浅草は建設ラッシュ。改めて街の現況を実感しました。

五輪は今、マラソンの札幌開催決定とか、いろんな問題で揺れているけれど、お祭りを盛り上げたいと思うのが江戸っ子気質。本番が来れば、街の人たちみんなで楽しめる祭典をつくり上げていくでしょう。年齢も職業も性別も関係ありません。

そんな中で、いつの時代なのかと、耳を疑うことがありました。「身の丈に合わせて頑張って」なんて言葉を発した大臣がいましたね。大学入試の英語の民間試験の導入は結局、延期されたけど、導入で進んでいた時の発言は、問題視されていた経済や地域格差を認めるようなものに聞こえました。

若い人が力を発揮しようとする時に、身の丈なんて考える必要はありません。

私は数え年で10歳、小学校3年生の時に神田の老舗そば屋に奉公に出ていましたが、奉公先でも「身の丈に合わせて」なんてことはありませんでしたよ。そこの家の坊ちゃんから木刀で叩かれて、私が額から血を流したことがあったんですけど、番頭は「人を傷つけるとは何事か」と坊ちゃんを怒鳴って私に約束のお金を持たせて奉公を切り上げさせ、自宅に戻してくれました。

結局、人が身の丈に合わせるのって、強い立場の人が部下に「出すぎたまねをするな」と命じたり、弱い立場の人が雰囲気を察知して自分から行動する時ですよ。そもそも身の丈って何なのか分からないですし、人の可能性を狭めるもの以外の何ものでもないでしょう。女性漫才師が少ない時代でしたが、「桂子・好江」は芸を思い切りやって道が切り開けたと思っています。若い人が力を発揮しようとする時に、身の丈なんて考える必要はありません。いろんな才能が日の目を見ないままになってしまうかもしれない。背伸びをしてこそ見える景色があるんです。（2019年11月2日）

自分の敵は自分

KINGEN A-ROUND100

タバコは60歳でスパッとやめました。どんなに勧められても嫌なものは嫌ですね。

かつて活躍した歌手が覚醒剤を持っていたとかでまた逮捕されたらしい。中毒者がそこから抜けるのは至難の業のようだけど、世の中それは違法なのだからやめなくてはいけません。

ニュースに接してふと思い出したのが、私の2番目の亭主。今の亭主は3番目だけど初婚。どういうことかというと、それまでに未婚で2人の子供を産んでいて、籍は入っていないけど、前に亭主が2人いるんです。ややこしくってごめんなさいね。

それはそうと、2番目の亭主はヒロポン中毒で漫才ができなくなってしまって、社会的制裁を受ける前に自分の田舎に帰っていった。ヒロポンは今でいう覚醒剤のこと。1945（昭和20）年ごろは薬局で普通に買えたんですよ。私も誘われたことがあったけど、全く興味がなかった。やがて覚せい剤取締法ができてヒロポンは身近なところから消えていきました。

タバコは結構吸っていました。自分の分より人様にあげる方が多かったけど。それも60歳でスパッとやめました。どんなに勧められても嫌なものは嫌ですね。

くだんの2番目の亭主とはその後、再会はなかったけれど、最近まで生きていたと風の便りで聞いた。自分の環境を整え、中毒から解放されていたと信じています。

我だけ通していても周りはしらけてしまう。手を伸ばす前に一度考えてみましょう。

人間ってね、楽しかったり、気持ち良かったりするのは皆好きだから、ブレーキを持っていないと楽な方に流れてしまう。その前に自制できたり、自分で判断できる力を持っていないといけないですね。

そういえば「桜を見る会」っていうのが話題になっていますね。首相が主催だそうで、どうやら自分の後援会の人が呼ばれていたりで、呼ぶ側の欲が見え見えのよう。使われているのは税金ですからね。本来は資格のない人たちをどさくさに紛れて呼んでいたとしたら政治家としてのブレーキが利かなくなっていたということになってしまいますね。自分の欲求を優先して欲に動いてしまったら間違いなく暴走してしまいます。周りでいさめる人がいるかどうかも運の分かれ目。

仕事の場面でもそうですよ。我だけ通していても周りはしらけてしまうし、大事なことを見落としているかもしれない。手を伸ばす前に一度考えてみましょう。自分自身に足をすくわれないように。（2019年11月16日）

時には脱ゆとり

KINGEN A-ROUND100

ひたむきに丁寧に生きていかないといけないなあ。

足の衰えを感じる今日このごろ、日課にしていることがあります。〝アラ百〟の私がジムに通うなんて大層なことはできないから、家の近くの低い段差で足踏みを繰り返しているんですよ。

ちょっとサボるとすぐに筋肉が弱ってくるのが分かる。日々の積み重ねの大切さを実感しています。転ばぬように足元に注意しながら動かしていると、ひたむきに丁寧に生きていかないといけないなあって自分の体に教えられているような気持ちになります。亭主にも「最近の師匠はつつましいですねえ」なんてからかわれているほどですね。

そんな私が怒りを覚えてしまうのが、季節外れの花見の話題。首相主催の「桜を見る会」のニュースを見聞きするたびに心寒い思いがします。私も「桂子・好江」時代、くだんの会に呼ばれていました。会場で一般の方と写真を撮ったり雑談をしたり。いつもアイスクリームがたくさん余っていて、係の人に「食べていってください」とお願いされたのを覚えていますよ。

本当にためになるのはどんなことか。それを判断できるのが大人ってもの。

ありがたいことに、私たちは漫才で初めての芸術選奨文部大臣賞や紫綬褒章を頂いたりしていて「招待は功績を評価してのこと」とうかがっていました。参加した時にはちょっぴり誇らしい思いもしました。それが、最近ではいろんな人が交ざっているんですってね。税金で開催している公の催しなのに。それだけでもひどいのに、さらに驚くのが、悪質なマルチ商法で騒ぎになった会社の元会長が〝首相枠〟で出席した疑いがあるとか。その元会長がチラシで招待状を公開して宣伝に利用したから被害がさらに広がったっていう話がある。それなのに招待の経緯ってものを解明しようとしない。名簿がないとか、個人情報とか、いろんな理由を挙げているけど、どれも納得がいかないね。

　これで逃げ切ろうとしているように見えるけど、疑惑は深まっている。それでも、この時代は逃げ切りを許すのかな。ゆとりとか、余裕とか、そんな言葉が大事にされているからでしょうかねえ。周りの人にも寛容で優しくなってしまうのか。時には厳しくなるべきでしょう。自分を鍛える時のように。低い段差の足踏みをしんどくても繰り返していると、もっと高い段差でもできるようになる。本当にためになるのはどんなことか。慢心してしまうとどんどん安易な方に行ってしまいます。それを判断できるのが大人ってもの。疑惑が花盛りっていう世の中は具合が悪いです。（2019年12月7日）

幸せは
平凡な生活にある

KINGEN A-ROUND100

私には誕生日が2つあるんです。母が必死に育ててくれた証。

おかげさまで97歳の誕生日の1月12日、何とか舞台に立つことができました。ツイッターで報告したらなんとまあ12万を超える「いいね」の数。ありがたいですね。何よりのバースデープレゼントになりました。

ただ、このコラムのプロフィールは「1922（大正11）年9月12日生まれ」って書いてありますから、皆さんどういうことだろうって首をかしげるでしょうね。

私には誕生日が2つあるんです。実際に生まれたのは9月12日で、場所は両親の駆け落ち先の千葉県銚子。ただ、出生届に母が記したのが翌年の1923（大正12）年1月12日。実際に戸籍を見てみると、届け出自体は同じ年の4月。「ミルクがもらえるよ」と周りから言われて慌てて役所に行ったようです。

どんな理由で誕生を1月にしたのかは今となっては分かりませんが、感じるのは母は生活に追われて、出生届どころではなかったんだろうなっていうこと。必死に育ててくれた。そんな証だと思っています。

母をはじめ、いろんな人に守ってもらってここまできた命。

2つ目の誕生日を知ったのは戦時中でした。1942（昭和17）年に満州で兵隊さんの慰問に行く前、身分証明書を作るために役所に戸籍を取りにいって分かったんです。私の中では9月12日が誕生日だと思っていて、プロフィールはこの日にしていますが、勲章や褒章を頂いた時のように国が絡むことは戸籍に基づくので「1月12日生まれ」の年齢で発表されます。なので、1年に2回もお祝いがあるんですよ。どちらの日もありがたく祝っていただいています。おめでたいことは何度あってもいいんじゃないかと思っています。

今年は正月早々、風呂から出ようとしたら全く立ち上がれなくて、結局は縁に体を預けて床に転げ落ちる感じで脱出しました。去年の夏からちょっと体調を崩して歩くのに難儀しているんです。健康に留意することが最大の目標になりますね。最近、平凡に生きることがこんなに難しいのかと感じることがあります。

100歳まであと3年。母をはじめ、いろんな人に守ってもらってここまできた命。足元を見つめながら、焦らず、進んでいきたいですね。（2020年1月18日）

実力は窮地で試される

KINGEN A-ROUND100

あのころは医療が発達していなかったから起きたことと、最近まで思っていたんです。

浅草は今、マスクをした人であふれています。亭主が言うには、これまではカバンをガラガラ引いた中国人観光客の集団が多かったけれど、最近見たのは、植木の囲み石にズラッと座っていて皆一様にマスクをしている姿。新型コロナウイルスによる肺炎の予防と分かりながらも、ちょっと異様で息をのんでしまったとか。

知り合いは、手に手に土産のマスクが入った袋を持って歩くのを見て「ニュースでやっているのと同じ光景だ」と驚いていました。感染のリスクは遠い国のことだけではないと改めて感じます。

1945（昭和20）年代ぐらいまでだったでしょうか。結核が流行していて「亡国病」なんていわれて恐れられていました。人から人へ伝染して死亡率が高い病気だったから、誰かが喀血するのを目にすると背筋が凍ったものです。

あのころは医療が発達していなかったから起きたことと、最近まで思っていたんです。それが現代になっても未知の感染症に向き合うことになるなんて。マスク姿の集団も、祈るようにしながら人混みの中を通り過ぎているように映ります。

挑戦しないと自分の現状に気付けない。励ましながらやっていきますよ。

調べてみると、自分でできる対策としては丁寧な手洗いやマスク着用があるけれど、それとは別にその人が持つ免疫力ものをいうようです。だから若者よりも高齢者が感染症にかかりやすいんですね。免疫機能を向上させるのは、規則正しい生活と栄養のほかに、適度な運動が大事だと聞きました。筋肉を動かすことで血行が良くなるからだそうですね。

私は3年前に左足の付け根を骨折した後、歩くのに難儀していてリハビリを続けています。そこで一石二鳥を狙って、最近では高さ15センチの長箱を上ったり下りたりする運動を取り入れています。これが結構大変。何もつかまらないでやらなきゃいけないんだけど、それがなかなかできない。もどかしいけれど、挑戦しないと自分の現状に気付けない。励ましながらやっていきますよ。

私のリハビリはゆっくりでいいのですが、肺炎対策は早急に進むことを願います。いざという時にこれまでの蓄積を発揮できることこそ、努力の意味がある。研究者の人たちはきっとやってくれると思います。

（2020年2月1日）

責任感の欠如は
最大の恥

KINGEN A-ROUND100

国会は国民の声を聞く場でもある。グッとこらえなきゃ。

稚拙としか言いようがないニュースが報じられていますね。国会でのやりとりです。衆院予算委員会で北村誠吾内閣府特命担当相が連日「迷答弁」を繰り返した後、内閣府審議官が代わりに答える場面が増えたと思ったら、今度はしれっとした顔で「審議官が説明した通りであります」なんて述べていました。

安倍晋三首相のやじ問題もあきれるばかり。野党の質問の後「意味のない質問だ」なんて言って国会を空転させましたね。

そもそも国会議員は国民の代表ですよ。そして国会は国民の声を聞く場でもある。それなのに野党議員から「タイは頭から腐る」って「国とか社会とかの上層部が腐敗していると残りも腐ってしまう」という意味の比喩を言われたからって怒るなんて。そこは国民の意見の一つと受け止め、グッとこらえなきゃ。こんなニュースに接すると「この人たちには立派な学歴があるのになあ」って首をかしげてしまいますね。

失敗はあっていいと思うけど、相手にしっかりと向き合わなきゃ。

私は小学校を3年で中退しています。数え年10歳の時、老舗そば屋の神田の更級に奉公に出されたからです。まだ小さかったけど、家を助けたいって思っていたからつらくはなかったですよ。

その後は漫才師としての舞台はもちろん、生活費を稼ぐために団子を売り歩いた花街・吉原での人情、キャバレー勤めで男女の欲の数々なんかを通じて、どうやって人に接したらいいのか、人前に立ったらどんな立ち居振る舞いをすべきなのかを覚えていきました。こういうのは、学のない私が肌で学んだこと。失敗はあっていいと思うけど、相手にしっかりと向き合わなきゃ。

何かを聞かれてすぐに返せるか。嫌みなことでさえも瞬時に受け答えができるか。試されるのは、その人の経験や実力。だから、公の場に出ているのに返せない人を見るともどかしくなる。こういう時こそ、力を発揮すべき立場じゃないのかな。

特に国会議員は言葉で国民に伝えるのが仕事の一つ。それなのに「官僚が言った通り」だとか、耳が痛い指摘を「意味がない」だなんて切り捨てていいはずがないし、そうできることが信じられません。きっと責任感に欠けているんでしょう。〝アラ百〟の私。物忘れもしますが、全て自分の責任として生きていくことを貫いていこうと思っています。（2020年2月15日）

焦りは大敵

KINGEN A-ROUND100

いつもより寂しい通りを見ると、先行きの不安を感じざるを得ません。

先日、亭主がほろ酔いで帰ってきました。いつも混んでいるけれど、1人ならなんとか座れそうなお店に行ってみたら楽々座れたらしい。コロナ騒動で客の入りが減ってしまったそうです。亭主ときたら「少しでも店のお役立ちになるだろうって無理して飲んできました」ですって。東京・浅草の街は相変わらず人の出が減っています。咲き始めた桜の花のピンク色にちょっと心が和むけれど、いつもより寂しい通りを見ると、先行きの不安を感じざるを得ません。

マスクもまだ足りない状況。知り合いは「家にある分がもうすぐ底をつきそうだから」と着けずに出掛けることが増えたそうです。亭主はもともと着けるのが嫌いで「せきも出ないし」とマスクなしで電車に乗ったりしていますが、そんな時に限ってくしゃみが出てしまうんですって。タオルで口を押さえるけれど、肩身が狭くて「花粉症だから」って小さくつぶやいているとか。

事をうまく進めるには冷静な現状把握が大事です。

日本全体を覆っている閉塞感。みんなが不安や恐れを感じている状況に身を置いていると、思い出す光景があります。私が14歳だった1936（昭和11）年2月26日のこと。朝早くから九段の方向で聞こえてきたのは「ドーン、ドーン」という不気味な大砲のような音。「偉い人が大勢殺されたみたい」。流れてきたのは驚くような噂でした。

真相を確かめようと、膝ぐらいに積もった雪の中、南千住から上野あたりまで歩いていきました。そこで目にしたのは銃剣を持ったたくさんの兵隊さん。普段と違う緊迫感を感じて、その場を離れました。いわゆる二・二六事件です。陸軍の青年将校たちによるクーデター未遂が起きていたというのは後から知りました。80年以上たった今でも、あの皮膚感覚を思い出します。あそこで通行人がパニックを起こしたらいろんなアクシデントが起きていたと思いますが、周囲の人も静かに動いていました。何が起きているのか分からない場に立つと、人間は強い恐怖を感じるものだと身をもって実感した出来事でしたね。

不安が連れてくるのは焦りです。だからなのか、今はマスクや消毒液の売り切れが続いていますし、トイレットペーパーや米までもが一時期品薄になったお店もありましたね。これまでの経験から、事をうまく進めるには冷静な現状把握が大事です。私みたいに年を取れば焦ろうとしてもできなくなります。だからわざわざ焦らずに、落ち着いて判断を下していきましょう。（2020年3月21日）

時代のうねりの中で生きてきた師匠の言葉

鈴木　美香（スポーツニッポン新聞社）

「なんてことないよ」。桂子師匠は会う度にこう言います。

スポニチでは2018年4月から「もうすぐ100歳　今ならわかる　幸せ呼ぶ100の金言」と題し、桂子師匠の連載を始めました。大正、昭和、平成、令和の4時代を生きる〝アラ百〟として、独自の角度から見つめた現代への思いと体験談をコラムにしています。本書は2020年3月掲載分までを集め、1冊の本にしたものです。何気ない日常に注がれる温かなまなざしと、円熟という言葉を超えた漫才師らしい視点。これが珠玉の金言を生んでいるのでしょう。

コラムの打ち合わせをするのは、いつも東京・浅草に近い自宅。ちゃぶ台に身を乗り出すように、師匠は少し背中を丸め、90年を超える人生の経験を語ってくれます。淡々とした口調なのですが、その内容は圧倒されるものばかりです。

駆け落ちした両親のもとに生まれ、1歳の誕生日の1日前に関東大震災が発生。数え10歳で奉公に出て19歳で未婚の母。戦後は2人の子供を育てるため、キャバレーでNo.・

1に。77歳で24歳年下の元会社員、成田常也さんと結婚……。こんな波乱万丈な人生に加え、東京大空襲で九死に一生を得たこと、満州への軍事慰問での兵士との別れ、二・二六事件の時のヒリついた東京の空気など、私たちが歴史としてしか知らない出来事を当事者の声として届けてくれます。

死が背中合わせの厳しい環境。そんな中で生き抜いてきた強さを前に私には次の言葉がなかなか見つからないことが何度もありました。そんな時、師匠は「なんてことないよ」と笑います。傍らにいる夫でマネジャーの成田さんが「大変だと感じる余裕がなかったんじゃないですか。生きることに必死で前に行くしかなかったから」と付け加えると、師匠は大きくうなずいていました。夫婦の目標は100歳になっても漫才師を続けていること。大台まであと3年。下を向いてしまうことが増えた現代だからこそ力強い言葉を伝え続けてほしい。心からそう願っています。

なんてことないよ。アラ百の金言

2020年(令和二年)9月27日　初版第1刷発行
2020年(令和二年)10月1日　初版第2刷発行

著　者　内海 桂子
発行者　伊藤 滋
発行所　株式会社自由国民社
〒171-0033 東京都豊島区高田3-10-11
http://www.jiyu.co.jp/
振替　00100-6-189009
電話　03-6233-0781(代表)

印刷所　八光印刷株式会社
製本所　新風製本株式会社
ブックデザイン　原田 恵都子(Harada+Harada)
本文DTP　有限会社中央制作社
協力　株式会社 スポーツニッポン新聞社
株式会社　マセキ芸能社

本書は、スポーツニッポンで2018年4月～2020年3月に掲載されたコラム原稿を加筆修正し、編集したものです。